Moni
auf Achse

Reise-Kurzgeschichten
Erweiterte Auflage

BoD-Verlag

Monika E. Khan

Moni auf Achse

Reise-Kurzgeschichten
Erweiterte Auflage

BoD-Verlag

Bibliografische Information der Deutschen Bibliothek:
Die Deutsche Bibliothek verzeichnet diese Publikation
in der Deutschen Nationalbibliografie. Detaillierte Daten
sind im Internet abrufbar über: http://dnb.ddb.de/

Impressum
© 2011-2016 Monika E. Khan, Hamburg
http://www.die-besten-singlereisen.de/
DTP-Satz, Buchgestaltung & Lektorat:
Thomas F. Rohde, Norderstedt
http://www.thomas-frank-rohde.de/
Herstellung und Verlag: BoD - Books on Demand,
Norderstedt,   http://www.bod.de/
ISBN 13: 978-3-8423-3307-9

Inhaltsverzeichnis

Vorwort

„Wo steckst du denn nun schon wieder?"
Eine Frage, die Moni oft hört, wenn sie mal wieder auf Achse ist.
Ob sie direkt vor ihrer Haustür, in ihrer Lieblingsstadt Hamburg,
unterwegs ist oder sich am anderen Ende der Welt herumtreibt –
stets erlebt sie ein Feuerwerk der Gefühle: Lustig, facettenreich und
turbulent, hin und wieder nachdenklich und auch mal traurig.
Reise-Kurzgeschichten, die den Leser nicht nur zum Schmunzeln
einladen...

Spontan und mit offenen Augen und Ohren stürzt sie sich immer
wieder in neue Unternehmungen, so dass sie auch mal in chaotische
Zustände gerät. Überraschend und völlig verwundert steht sie dann
da.

Aber durch ihre ganz persönliche Art ihrer individuellen Wahr-
nehmung und ihre positive Lebenseinstellung gewinnt Moni schnell
wieder Oberwasser.

Kaum ist Moni wieder Zuhause, bekommt sie zu hören:
„Was du so alles erlebst, wenn du auf Achse bist, ist schon immer
wieder großartig!"

Globetrotterin Monika E. Khan ist Expertin für Single- und
Solotouristik und Autorin der Bücher „Die besten Single-Reisen".
Sie wurde 1938 in Kollow bei Hamburg geboren und lebt mit ihrem
Mann in Hamburg.

AUF DER FLUCHT

Schluss, aus und vorbei. Die ganze Woche nörgelt er an mir rum. Jetzt habe ich die Schnauze endgültig voll! Zumindest vorübergehend...

Während mein Mann wieder einmal am Frühstückstisch rumpalavert, schleicht in mir der Gedanke hoch: „Ich mach mich aus dem Staub." Stehe auf, gehe seelenruhig, damit er keinen Verdacht schöpft, in mein Zimmer und stecke mir in Sekundenschnelle meinen Personalausweis und die EC-Karte in die Hosentasche. Als ich die Tür wieder öffne, steht mein Mann bereits im Flur. Irgendwie hat er Lunte gerochen. Mit einem forschenden Blick schaut er mich an: „Moni, was hast du vor?" „Gar nichts", erwidere ich scheinheilig, „ich muss nur mal vor die Tür, frische Luft schnappen, hier ist sie mir zu dick." Eine Sekunde lang steht er wie bedeppert da und überlegt krampfhaft, wie er sich verhalten soll. Diese Schrecksekunde nutze ich und schwups bin ich draußen. Dann nehme ich meine Beine in die Hand, renne am Moorteich entlang, der neben unserer Siedlung liegt. An der Hauptstrasse angekommen, gönne ich mir eine Verschnaufpause, um danach schnellen Schrittes weiter zu gehen, bis ich in den angrenzenden Stadtwald untertauche. Geschafft, nun habe ich alle Zeit der Welt und schlendere durch den kühlen Wald bis Wandsbek-Markt. Zu Fuß würde mein Mann mich niemals verfolgen. Er kennt meine Eskapaden. Meistens tauche ich sowieso nach kurzer Zeit wieder auf. Dieses Mal ist es anders, mein Entschluss steht fest. Zurück? Erst mal nicht. Wohin? Mir kommt eine blendende Idee.
In Berlin tobt die Loveparade, da wollte ich schon immer mal hin. Doch zunächst muss ich mir Klamotten kaufen. Außer einem Suntop, Shorts und Latschen trage ich, an diesem warmen Frühsommertag, nichts weiter auf dem Leib.
Für sage und schreibe 220 Mark bekomme ich im Billigkaufhaus eine komplette Grundausstattung und was man sonst noch so alles für eine Reise braucht. Verstaue alles in den neu erworbenen Rucksack und fahre mit der U-Bahn zum Hamburger Hauptbahnhof. Zur Feier des Tages gibt es auch noch günstige Wochenend-

tickets. In Wittenberge muss ich von einem Schnellzug in einen Nahverkehrszug umsteigen. Der Geruch von hochprozentigem Alkohol weht mir entgegen, als ich das Zugabteil betrete. Ein einziges Schlachtfeld empfängt mich. Blechern und knirschend kullern leere Flaschen und Dosen während der Fahrt von einer Ecke in die andere. Der klappbare Fenstertisch ist gewaltsam aus seiner Verankerung gerissen worden. „Wenn rohe Kräfte sinnlos walten", entfährt es mir. „Was hat denn das zu bedeuten?" Fragend schaue ich zwei junge Frauen an, die bereits im Abteil sitzen. „Der Zug kommt direkt von der Loveparade", antwortet eine der beiden. Verständnislos schüttele ich den Kopf.

„Sind Sie Ossis oder Wessis?", platze ich gleich mit der Tür ins Haus. Seit dem Mauerfall, vor einigen Jahren, habe ich noch keinen Kontakt mit Menschen aus dem Osten gehabt. Die Bezeichnung Ossi finden sie aber gar nicht witzig und sind beleidigt. Nun versuche ich sie so freundlich wie möglich umzustimmen:
„Entschuldigung, aber das meine ich nicht abwertend. Sie sind halt Ossi und ich bin ein Wessi. Das ist für mich nur eine geographische Bezeichnung." Nun sind sie milde gestimmt. Sie kommen gerade aus einem Dorf in der Nähe von Heide in Schleswig Holstein und wollen nach Eisenhüttenstadt.
„Und, wie ist es so im Westen?" Ich bin gespannt. „Nicht leicht", klagt spontan eine der beiden, „was meinen Sie, wie oft ich es zu spüren bekomme, dass ich aus dem Osten bin." Sie wirkt ziemlich unglücklich. „Wieso?" hake ich nach.
„Neulich sagte doch tatsächlich der Berufsschullehrer zu mir, als ich meine Matheaufgabe abgab, ob ich als Ossi auch schon gelernt hätte, solide Aufgaben zu lösen. Gekränkt antwortete ich ihm: „Meinetwegen können sie ja die Mauer wieder hinsetzen und meinetwegen auch noch höher." Ich muss lachen und versuche sie zu trösten: „Wissen Sie, dass hat meiner Meinung nach mit Ossi oder Wessi nicht das Geringste zu tun. Da handelt es sich nur mal wieder um einen Lehrer, der in keiner Weise auch pädagogisch geschult ist, sondern lediglich seinen Frust an einem x-beliebigen Schüler rauslassen wollte." Bis Berlin vergeht die Zeit wie im Fluge.
Am Bahnhof Zoo scheint das Chaos perfekt zu sein. Trauben von Menschen sitzen und liegen dichtgedrängt auf dem Boden. Oder

scheinen sinnlos umher zu laufen. So als wüssten sie nicht, wie es für sie weiter gehen soll. Beide Frauen, sie sind Freundinnen, nehmen mich kurz entschlossen an die Hand und wir drängeln uns zu dritt gewaltsam durch die Menschenmassen hindurch nach draußen. Herzlich verabschieden sie sich von mir. Denn sie müssen, um nach Eisenhüttenstadt zu kommen, den Bahnhof wechseln. Ein letztes Winken, als wären wir alte Bekannte, dann verlieren wir uns aus den Augen.

Mutig stürze ich mich ins kunterbunte Gewühl und lasse mich mit der Masse treiben. Laute Musik dröhnt mir in die Ohren. Ausgeflippte Menschen beherrschen das Straßenbild, bis es allmählich dunkel wird und die nachfolgenden Müllwagen die Regie übernehmen. Während ich in Richtung Brandenburger Tor schlendere, dort soll ja noch die Party bis zum nächsten Morgen abgehen, spricht mich ein Typ aus einer Gruppe an: „Haben Sie nicht Lust, mit uns in eine Kneipe zu kommen?" Sendepause meinerseits. Er merkt meine Unsicherheit und lässt es dabei bewenden. Wir schlendern noch ein Stückchen des Weges gemeinsam. Freundlich verabschiede ich mich von ihm. Auf keinen Fall will ich in einer Kneipe rumhängen.

Eine Weile schaue ich mir das Spektakel am Brandenburger Tor noch an, dann habe ich genug von der lauten Musik, dem Trubel und dem Müll und laufe zum Bahnhof zurück.

Hier herrscht immer noch unübersehbares Durcheinander. Gelernt von den beiden Mädels aus dem Zug, zwänge ich mich allein durch die Menschenmassen. Bis ich auf irgendeinem Bahnsteig lande. „Aachen über Köln" steht auf dem Abfahrtsschild. Mensch, mir kommt eine Blitzidee, das ist die Lösung, ich besuche meine Freundin Walburga. In Köln werde ich dann umsteigen und den Zug nach Siegen nehmen. Gerammelt voll bis auf den letzten Stehplatz, schaffe ich es noch, mich in den Zug zu quetschen. Völlig übermüdet setze ich mich auf meinen vollgestopften Rucksack. Bereits am nächsten Bahnhof steigt eine Gruppe junger Menschen aus. Selig setze ich mich auf einen freigewordenen Sitzplatz, und schlafe vor lauter Erschöpfung ein.

Gegen 8.00 Uhr läuft der Zug am Sonntagmorgen in Köln ein. Wieso Walburga? Mir kommt eine viel bessere Idee. Ich fahre weiter bis Aachen und besuche Gilla in Frankreich? Ja, das mach ich. Mein letzter Entschluss! Wie oft hat sie mich in der Vergangenheit mit den Worten genervt: „Moni, wann kommst du mich endlich mal in Frankreich besuchen?" Mein Mann mag sie eh nicht besonders und jetzt, wo ich sauer auf ihn bin, habe ich einen Grund mehr, sie endlich einmal zu besuchen. ‚Schön und gut, aber wie? Ich habe doch ihre Adresse nicht im Kopf. Wie heißt noch das kleine Dorf? Das in der Nähe von Limoges liegt? Das wird ja nie was. Mein Mut verlässt mich genau so schnell wieder, wie er gekommen ist. Ein neuer Lichtblitz in meinem Gehirn bringt die Lösung. „Christian", Gillas Sohn! Zwar habe ich seine Adresse nicht, aber ich weiß von Gilla, dass er in Hamburg-Rahlstedt wohnt. Binnen weniger Minuten bekomme ich von der Telefonauskunft in Aachen seine Nummer. Sekunden werden zu Minuten, endlich nach vielen Klingeltönen meldet sich eine dunkle Männerstimme mit Christian. Gott sei Dank! Er kennt mich vom Hörensagen und gibt mir bereitwillig die Telefonnummer seiner Mutter. Am Ende unseres Gespräches meint er noch: „Meine Mutter wird sich bestimmt sehr über deinen Besuch freuen."

Freuen…? Ist gar kein Ausdruck. Gilla ist außer Rand und Band, als ich sie anrufe. Ausführlich erklärt sie mir, wie ich fahren soll. „Über Paris fährst du nach Limoges, dort steigst du um und nimmst den Zug bis Guéret. Von dort musst du dir dann ein Taxi nehmen, denn am Sonntag fahren keine Busse zu uns. Kurz vor dem Ort Levand stelle ich eine Laterne und ein großes Schild mit meinen Namen an den linken Straßenrand, damit der Taxifahrer es nicht verpasst, meinst du, du schaffst es?" „Kein Problem!"

Bereits kurze Zeit später sitze ich im Zug Richtung Paris. Steige dort um in den Zug nach Limoges. Gegen 22.00 Uhr bin ich dann endlich in Guéret. Weder Menschen noch ein Taxi sind am kleinen Bahnhof zu entdecken. Die Stadt scheint schon zu schlafen. Unschlüssig laufe ich eine Straße entlang. Auf halber Höhe schallt mir aus einer Kneipe ein Gemisch aus Musik und buntem

Stimmengewirr entgegen. Ich fasse mir ein Herz und betrete das Lokal.

„Bonsoir", grüße ich und lege dem Wirt den Zettel mit Gillas Anschrift und etwas Kleingeld auf den Tresen: „un taxi s'il vous plaît", ein Taxi bitte. Das ist auch schon alles, was meine französischen Sprachkenntnisse hergeben. Verständnisvoll lächelt der Wirt mich an und greift zum Telefonhörer. Wenig später steht ein Taxi vor der Tür.

Wie versprochen, hat Gilla eine Laterne und ein Brett, auf dem mit großen Lettern ihr Name steht und ein Pfeil der nach links zeigt, am Straßenrand aufgestellt. Mit fuchtelnden Armen taucht Gilla plötzlich in der Dunkelheit auf. Freudestrahlend liegen wir uns in den Armen. Ein wenig habe ich mich über die hohe Taxirechnung geärgert. Doch Gilla meint, mit dem Feiertags- und Nachttarifzuschlag sei es normal.

Endlich stehe ich vor Gillas Traumhaus. Durch die offene Tür dringt ein Lichtstrahl nach draußen. Straßenlaternen scheinen es hier nicht zu geben. Rauchgeruch schlägt mir entgegen, als ich die Küche betrete. Links an der Wand brennt ein Feuer im Kamin. Kaum habe ich mich auf einem Küchenstuhl niedergelassen, bestürmt Gilla mich mit einem sonderbaren Vorschlag:

„Moni, hast du nicht Lust, mit auf eine Party zu kommen?" „Um Himmels Willen Gilla, ich bin todmüde, ich habe doch in den letzten vierundzwanzig Stunden kaum geschlafen. Aber du kannst doch zur Party gehen. Ich gehe sowieso gleich schlafen." Kurzerhand ruft sie ihren Bekannten an und sagt ab. Ohne mich will sie auch nicht zur Party.

„Falls du nachts auf die Toilette musst, kannst du das Chemieklo benutzen, eine Toilette gibt es hier im Haus noch nicht." Gilla zeigt auf das kleine Klo neben dem Kopfende eines französischen Bettes. Meine Schlafstatt. Aha, die moderne Variante eines Pisspottes.

Todmüde falle ich ins Bett und knipse das Licht in Form einer herunterhängenden Glühbirne aus, die direkt über meinem Kopf baumelt. Erschrocken schnelle ich hoch und schreie: „Gilla!", sie hat sich inzwischen nach unten verzogen:

„Gilla!", wiederhole ich, „es ist stockfinster, so kann ich nicht schlafen, gibt's hier kein Fenster?" Gilla kommt nochmals die knarrende Holztreppe hoch gestiefelt. Eine Tür zwischen oben und unten gibt es nicht. „Weißt du, das war hier früher der Heuboden. Schau dort die Holzluke in der Außenwand, das wird später mal das Fenster werden."

„Hm…, trotzdem, so dunkel kann ich nicht schlafen", füge ich flehend hinzu. Gilla scheint für alles eine Lösung zu haben. Sie holt von unten einen Lichtstecker und steckt ihn in die Steckdose eines Verlängerungskabels, welches aus einem finsteren Loch, so groß wie ein Schuhkarton, hervorlugt. „Wo führt denn das Loch hin?"

„Das ist ein Nebenraum, der noch nicht bewohnbar ist", bemerkt Gilla und verzieht sich wieder nach unten. Ein unheimliches Gefühl beschleicht mich, als ich ins gähnend schwarze Loch direkt an der Wand gegenüber schaue. Schnell ziehe mir die Bettdecke bis über den Kopf und schlafe dann auch irgendwann ein. Erst als ein paar helle Lichtstreifen durch die ausgefranste Luke ins Zimmer dringen, wache ich auf. Die Luke scheint genauso alt zu sein wie der Rest des Hauses. Beim Versuch sie vorsichtig zu öffnen, plumpst von draußen etwa herunter.

„Was war das?", frage ich Gilla, während die Luke quietschend aufspringt und ich sie unten entdecke. Lächelnd blickt sie nach oben: „Och, nur ein Stein, der vor der Luke lag, er flog direkt an meinem Kopf vorbei."

„Ach du liebe Zeit, entschuldige, aber ich wollte nur etwas Licht ins Zimmer lassen. Wofür legst du denn so einen großen Stein vor die Luke, Gilla?"

„Als Verschluss, sonst springt sie bei Wind andauernd auf."

Na, das kann ja heiter werden.

Ohne weiter auf den purzelnden Stein einzugehen, fragt sie: „Wie hast du geschlafen?"

„Anfangs nicht so gut, aber dann bin ich doch eingeschlafen und fühle mich frisch und munter."

„Sieh zu, dass du runterkommst, ich habe bereits den Frühstückstisch gedeckt." „Super, ich komme sofort."

Weit schweift mein Blick durch die offene Luke übers hügelige Land. Hinter Gillas völlig verwildertem Garten grasen Kühe auf der angrenzenden Weidelandschaft, die sich in der Ferne in einem Wald verliert. Ein Traumblick, der durch nichts versperrt wird. Ein schönes Fleckchen Erde, was Gilla sich da ausgesucht hat. Hier werde ich mich richtig erholen. Bevor ich hinunter gehe, schaue ich mich noch im Zimmer um. Zimmer? Eher ein Heuboden ohne Heu. Überall steht Gerümpel herum. Außer einem Doppelbett und einen schmalen Kleiderschrank schmücken keine weiteren Möbel den Raum. Ein selbstgebautes Regal, voll bepackt mit Werkzeug, bildet die seitliche Trennwand zwischen Raum und der offenen Treppe, die nach unten führt. Verstreut hängen Gürtel, Handtaschen sowie Klamotten von der Decke, die nachts gruselige Schatten in den Raum werfen. Ein Gefühl, als sei ich auf einem Abstellgleis gelandet, beschleicht mich. Das ist nun Gillas Traumhaus, weswegen sie im letzten Jahr alle Zelte in Hamburg abgebrochen hat.

Der Duft von frisch gemahlenem Kaffee zieht mir in die Nase, als ich die Küche betrete. Obwohl es draußen warm ist, prasselt schon wieder das Feuer im Kamin. „Wegen der dicken Mauer ist es im Sommer besonders kühl hier drinnen", meint Gilla, als sie mein Blick in Richtung Feuerstelle bemerkt.
Nach all dem Schrott, den ich bis jetzt im Haus gesehen habe, bin ich angenehm überrascht, als ich die Köstlichkeiten, die auf dem rustikalen Holztisch ausgebreitet sind, entdecke. Vom Ziegenkäse über gekochte Eier, die von freilaufenden Hühnern stammen, wie Gilla stolz betont, bis hin zum Vollkornbrot, es fehlt an nichts. Während wir ausgiebig frühstücken, haben wir uns viel zu erzählen, denn es ist schon eine ganze Weile her, als wir uns das letzte Mal sahen. Danach zeigt mir Gilla ihren Garten.
„Wieso hast du deinen Garten so verwildern lassen?" Bis auf ein kleines Beet mit aufkeimenden Salatpflänzchen ist der Garten mit mannshohem Unkraut überwuchert.
„Weil ich vom Umzug so fertig war, dass ich mich bis jetzt noch nicht erholt habe", rechtfertigt sie sich.
„Aber der Umzug war doch schon im letzten Jahr. Was sagen denn deine Nachbarn dazu?"
„Interessiert mich nicht, ich mach mit meinen Garten, was ich will. Würden sie neben einer Wiese wohnen, hätten sie ja auch nur Wildpflanzen neben sich!" „So gesehen hast du natürlich recht."
Zwischen den hochrankenden Wildpflanzen, wie Gilla ihr

Grünzeug nennt, liegt versteckt ein kleines Steinhäuschen. Verwundert schaue ich durch die offene Tür in den Raum auf ein sonderbares Holzgestell.

„Voilà, mein selbstgebasteltes Klo!", bezeichnet Gilla mit stolz geschwellter Brust das seltsame Gestell. Weil Gilla nicht sehr groß ist, hat sie von einem alten Holzstuhl einfach die vier Beine gekürzt. Dann in den Stuhlsitz ein kreisrundes Loch gesägt, einen Plastikeimer drunter gestellt, einen Plastikdeckel obenauf gelegt und fertig war ihr Plumpsklo. Ein zweiter, mit Sägespänen gefüllter Plastikeimer, steht daneben. Ausführlich erklärt mir Gilla die Gebrauchsanweisung dieses ungewöhnlichen Klos. Damit ich ja nicht zuviel Sägespäne benutze, denn die ist teuer, betont sie.

Nur fünf alte Steinhäuser liegen ein wenig verstreut in diesem kleinen verschlafenen Dorf. Einige davon sind bereits restauriert.

„Gilla, die Gegend hier ist sehr schön, auch dein Haus. Wenn es erstmal fertig ist..." Ich habe ja Fantasie.

„Ja", sagt sie mit einem Seufzer ihre Hauswand betrachtend, „die müsste dringend verputzt werden, sonst bröckeln die Felsblöcke bald raus." Hilflos schaut sie mich an.

Doch schnell erhellt sich ihr Gesichtsausdruck wieder, stillschweigend nimmt sie mich an die Hand und führt mich ins Haus. Dort zeigt sie mir, was sie schon alles verändert hat. Vom Steinfußboden, der bereits glatt geschliffen wurde, bis hin zu einer Wasserleitung, die in die Küche verlegt werden musste, erklärt sie. Muss ja eine einzige verfallene Scheune gewesen sein.

Nun erzählt sie mir ihre Zukunftspläne. Wenn sie es schafft, ihre Pläne in die Tat umzusetzen, könnte es ein Traumhaus werden. Ja, wenn. Von einem Studio unterm Dach mit Panoramafenster zum Himmel schwärmt sie, damit sie nachts die Sterne beobachten könne. Außerdem gehören ein Gästezimmer sowie ein Vollbad zu ihren Zukunftsvisionen. Doch im Moment müssen wir noch mit der Dusche im Garten vorlieb nehmen. Ideen hat sie, das muss man ihr lassen. Ich bin nicht nur vom Plumpsklo tief beeindruckt sondern auch von ihrem Erfindungsgeist bei der Dusche. Zwischen Gartenhäuschen und Pflaumenbaum hat sie einfach zwei gegenüberliegende Seile angebracht, an denen Stoffvorhänge als Sichtschutz hängen. Wenn man duschen will, nimmt man einfach den Gartenschlauch, der mit einem Wasserhahn in der Hütte verbunden ist. Nur hat das Ganze einen Haken: Man muss während des Duschvorganges nackt zwischen Pflaumenbaum und Hütte hin und her laufen, um das kalte Wasser an- und wieder abzustellen. Nach dem Duschen werden die Vorhänge einfach in die Äste des Pflaumenbaumes gelegt, damit sie bei Wind nicht hin und her flattern.

„Ehrlich Gilla, ich bewundere dich, das soll dir mal einer nachmachen. So mutterseelenallein, in der tiefsten Provinz Frankreichs, einen völligen Neustart zu wagen und das unter diesen Bedingungen. Ist schon Wahnsinn!"

Noch am selben Tag melde ich mich bei meiner Tochter, um ihr zu sagen, wo ich stecke, damit sie ihren Vater informiert. Erfahrungsgemäß setzt er alle Hebel in Bewegung, um herauszufinden, wo ich mich denn herumtreibe und wann ich zurückkomme, wenn ich einfach mal die Fliege mache. Diesmal habe ich mich geirrt. Zwar hat er bei unserer Tochter angerufen, war aber gar nicht aufgeregt wie sonst. Im Gegenteil, er ließ mir bestellen, ich solle es mir gutgehen lassen. Na fein, da kann ich ja meine selbst gewählte Auszeit von der Ehe ohne schlechtes Gewissen genießen.

Gilla und ich haben viel Spaß miteinander. Zu Fuß zeigt sie mir diese bezaubernde hügelige Gegend. „Es sind die Ausläufer des Zentralmassiv", klärt sie mich auf.
Wir gehen am See spazieren, durchstöbern den Wald, klettern auf Heuballen herum, pflücken Wildblumen, die im Überfluss am Wegesrand blühen und lachen viel.
Mit dem Rad fährt Gilla ab und zu ins 18 km entfernte Guéret und bringt leckere Biolebensmittel mit. „Aber Gilla, wovon bezahlst du das alles, du hast doch nur eine kleine Rente?" Sie war mal meine Arbeitskollegin und hatte auf Grund ihrer schwachen Nerven bereits mit 50 Jahren die Rente bekommen. Wenn ich ihr Geld geben will, wehrt sie stets ab, egal was ich mache. „Moni, du bist mein Gast", betont sie, „außerdem kauf ich die Sachen kurz bevor sie abgelaufen sind, dann bekomme ich sie fast geschenkt!" Das leuchtet mir ein. So genieße auch ich die französischen

Delikatessen. Während Gillas Einkaufstouren mache ich mich im Garten und in der Küche nützlich. Die übrigen Räume sind eh mit Trödel vollgestopft. Jedoch die Krönung an Gerümpel befindet sich in dem unbewohnbaren Raum neben meiner Unterkunft.

„Sag mal Gilla, wofür brauchst du all das Zeug hier?", staunend schaue ich mich im Raum um, als sie ihn mir zeigt.

„Na, wenn das Haus fertig renoviert ist, brauch ich es!"

„Aber doch keine drei Staubsauger oder mehrere Bügeleisen", um nur einiges zu nennen, „die kannst du doch im Leben nicht alle benutzen." Allmählich kriecht in mir die Frage hoch: Ist Gilla vielleicht ein Messie? Der Plunder erinnert mich an Flohmarkt-Utensilien.

„Musste deswegen dein Bekannter aus Deutschland jedes Mal seinen Anhänger mitnehmen, wenn er mit dir hierher fuhr?"

„War doch praktisch." Ungläubig schüttele ich den Kopf.

Doch Gillas wahren Schätze finde ich in einem kleinen offenen Verließ, in der Küchenwand. Alte Tontöpfe und Krüge krame ich hervor und befreie sie gründlich vom fingerdicken Staub. Suchend sehe ich mich nach geeigneten Standorten um. Vom uralten, aber noch gut erhaltenen Küchenschrank räume ich erstmal den unnötigen Krimskrams runter und verstaue alles in einen Karton. Zwei Krüge bekommen ihren neuen Platz oben auf dem Schrank. Zwei Kleinere platziere ich rechts und links auf dem unteren Schrankabsatz. Nun entpuppt sich der Schrank als richtiges Schmuckstück. Finde ich. Für die zwei größten und schönsten Krüge gehe ich hinaus in die Feldmark und pflücke bunte Blumen, die ich zu schönen Sträußen arrangiere. Einen stelle ich mitten auf den rustikalen Küchentisch und der letzte Krug bekommt seinen neuen Standort auf dem Steinfußboden neben dem Kamin. Allmählich wird die Küche wohnlich. Schließlich ist es doch der einzige Raum im Haus, der auch im Winter durch den Kamin beheizt werden kann. Zufrieden mit meinem Tatendrang, warte ich gespannt auf Gillas Rückkehr aus der Stadt. Ihr Gesichtsausdruck spricht Bände und ist alles andere als begeistert. Mürrisch sagt sie: „Falls hier mal eingebrochen wird, wären die Krüge in dem Versteck besser aufgehoben." Sie lässt sie aber stehen.

Noch am selben Abend kommen Freunde von ihr aus einem

Nachbardorf zu Besuch. Ihnen fällt die Veränderung in der Küche sofort auf. Sie sind voll des Lobes und Gilla ist stolz.

Die darauffolgenden Tage werden heißer und heißer. Das Wasser im See scheint warm genug zu sein, um baden zu gehen.

Wie gut, dass zu meiner Grundausstattung ein Body gehört, der mit seinem Blumenmuster wie ein Badeanzug aussieht.

„Du brauchst keinen Badeanzug, wir gehen nackt ins Wasser!", ruft Gilla mir hinterher, als ich ihn holen will. „Ne, ich nicht! Oder ist es ein ausgewiesener FKK Strand?"

„Nein, trotzdem gehe ich immer nackt baden", betont sie.

Nur zehn Minuten zu Fuß von Gillas Ortschaft entfernt, liegt eingerahmt in einer hügeligen grünen Postkartenlandschaft, der idyllische See. Kleine Holzhäuschen, die man mieten kann, säumen die Liegewiese.

„Ich sehe niemanden nackt ins Wasser gehen, wäre es nicht besser, du ziehst dir auch einen Badeanzug an? Mir ist das echt peinlich."

Einen Moment zögert sie, zieht ihn sich dann aber doch an. Nur anstatt mit mir ins Wasser zu gehen, bleibt sie griesgrämig auf dem Rasen sitzen.

„Dann gehe ich eben früh morgens baden, auch wenn du nicht mitkommst", mault sie.

Gilla ist unwahrscheinlich stolz auf ihren Busen. Zwar ist sie kleiner als ich, hat dafür aber viel größere Brüste.

„Stell dir vor Moni", aufgeregt berichtet Gilla, als sie aus der Stadt zurückkommt, „mitten auf der Straße hält plötzlich ein Radfahrer an und sagt: „Haben sie aber einen schönen Busen!"

„Wie hat er denn das gesehen? Du trägst doch ein weites T-Shirt." Zweifelnd sah ich sie an.

Ihre Augen blitzten: „Kann man doch trotz T-Shirt sehen, dass ich einen schönen Busen habe."

Dabei verriet sie mir mal: Wenn es ihr beim Radfahren zu heiß wird, schiebt sie einfach ihr T-Shirt hoch und genießt den frischen Wind auf nackter Haut.

So wird es auch heute gewesen sein.

Drei Tage, bevor ich meine Zelte bei Gilla wieder abbrechen wollte, kommt urplötzlich ein Auto um die Ecke geprescht. Ruckartig

mit quietschenden Reifen bleibt es auf dem Platz vor dem Haus stehen. Wie von einer Tarantel gestochen, springt Gilla von ihrem
Küchenstuhl hoch und stürzt ohne ein Wort zu verlieren durch die
offene Tür nach draußen. Eine junge Frau und zwei Kinder kommen
aus dem Wagen gekrabbelt. Auch ich stehe auf, um die Fremde zu
begrüßen. Doch wie gebannt bleibe ich mit aufgerissenen Augen
und offenem Mund auf der Türschwelle stehen. Nachdem sich die
beiden Frauen aufs Herzlichste begrüßt haben, stellt sich die
Fremde mit geschlossenen Augen vor Gilla hin. Während Gilla mit
ihren Händen am Körper der Frau entlangfährt, bleibt diese wie
angewurzelt stehen. Immer wieder gleiten ihre Hände vom Kopf bis
zu den Füßen der Frau rauf und runter. Dann bewegen sich ihre
Hände so, als wolle sie Wasser vom Körper der Frau abstreifen.
Zum Abschluss pustet sie der Fremden ihren Atem ins Gesicht. Die
Frau schlägt die Augen auf und erwacht wieder zum Leben.
Aha, Gilla ist jetzt eine selbsternannte Geistheilerin. Das hat sie
mir ja noch gar nicht erzählt!
Die Kinder, etwa vier und sechs Jahre alt, turnen unterdessen aus-
gelassen am Auto herum. Klettern von hinten aufs Dach und rut-
schen vorn wieder runter. Beide Frauen gehen nun schnurstracks
zum Kofferraum des Autos. Sieh da, Sesam öffne dich!
Nacheinander zaubern sie Obst und Gemüse, Brote und Käse sowie
diverse Wurstsorten ans Tageslicht und legen alles auf den
Gartentisch. Sobald der Kofferraum leer und der Tisch bis zum
Bersten voll ist, springen Mutter und Kinder husch husch wieder ins
Auto. Mit hohem Tempo und quietschenden Rädern fahren sie wie-
der auf und davon. Der Spuk ist vorbei, ohne dass ich überhaupt die
Chance hatte, der Frau „Hallo" zu sagen. Ein einmaliges
Schauspiel. Neugierig trete ich an den Tisch und schaue mir die
kostbaren Lebensmittel etwas genauer an. Alles Marken, wie sie
Gilla auch vorher aus der Stadt mitgebracht hat.
„Sind die alle aus dem Reformhaus?", frage ich, immer noch un-
gläubig die Delikatessen betrachtend. „Ja", kommt es stolz zurück,
während sie die Sachen in die Küche trägt.
„Und was machst du mit so vielen Lebensmitteln?", bohre ich wei-
ter und helfe ihr. „Dumme Frage, essen natürlich!"
„Hast du das alles umsonst bekommen?" Meine Neugierde ist uner-
sättlich.

„Klar, bevor Nadine", so heißt die Fremde, „alles wegschmeißt."
Aha, so läuft der Hase, ein bisschen Hokuspokus und die Kasse
klingelt, das nennt Gilla dann fast geschenkt bekommen. Diesmal
schaue ich auf das Verfalldatum. Die nächsten Tage hätte Nadine
einiges davon noch verkaufen können. Aber egal, ist ja nicht meine
Sache, schließlich habe ich ja auch die ganze Zeit diese
Delikatessen genossen.

Gemütlich sitzen wir am nächsten Morgen nach dem Frühstück in
der Sonne vor dem Haus. Krampfhaft versuche ich, Gillas
Schilderungen über das Nervensystem zu folgen. Ihre Version von
den Zusammenhängen des Nervensystems habe ich, so, noch nie
gehört. Allmählich kommt es mir unheimlich vor und ich unterbre-
che sie:
„Gilla, bringst du da nicht was durcheinander?"
„Moni, alles willst du besser wissen, das geht mir allmählich auf
den Geist. Denn inzwischen weiß ich es besser!" Ihre Stimme klingt
ungewöhnlich scharf.
Ich traue meinen Ohren nicht, so eine Gilla habe ich bisher noch
nicht erlebt. Früher lauschte sie gespannt meinen Ausführungen
über die Naturheilkunde und lieh sich auch ab und zu ein Sachbuch
von mir. Doch eine Ausbildung in irgendeiner Form über die
Naturheilkunde hat sie nicht absolviert. Das wüsste ich, das hätte
sie mir erzählt.

„Meine liebe Gilla, gelernt ist gelernt. Ich habe doch nicht umsonst
drei Jahre die Heilpraktikerschule besucht. Und wie du weißt, habe
ich in Singapur ein Akupunktur-Diplom absolviert. Danach habe ich
noch mindestens zehn Jahre lang immer wieder an Heilpraktiker-
Kongressen teilgenommen, Spezialkurse besucht und stets alles
verstanden. Aber was du mir da erzählst, kann ich einfach nicht
nachvollziehen." Nun verliert sie völlig ihre Fassung. Wutentbrannt
schreit sie mich an und wiederholt, was sie schon vorhin gesagt hat:
„Ich hab die Schnauze voll, alles willst du besser wissen, weißt du
aber nicht!"
„Oh nein Gilla, alles nicht, ich lerne gern dazu, nur, was dieses
Thema angeht, versteh´ ich es eben besser."
Sie hört nicht auf, wie eine Furie zu schreien. So eine Gilla habe ich

wirklich noch nie erlebt. Irgendwann bin auch ich mit meiner Geduld am Ende. Doch ich bleibe ganz ruhig, wie meistens in Situationen, in denen ich merke, sie könne eskalieren.

„Ich hau ab!" Was Besseres fällt mir nicht ein. Ich stehe auf, gehe nach oben und packe meine sieben Sachen in den Rucksack. Als ich die Küche betrete, hat Gilla bereits zwei Stück Ziegenkäse auf den Tisch gelegt und ist dabei, Brote zu schmieren. Mit unsicherer Stimme sagt sie:

„Moni, sei vernünftig und bleib hier. Du kommst hier doch nicht weg. Der nächste Bus fährt erst wieder morgen früh. Übermorgen fährst du doch eh zurück nach Hamburg."

„Ich gehe jetzt und was die Sachen betreffen", ich zeige mit der Hand auf den Tisch, „die nehme ich nicht mit!" „Aber den Ziegenkäse, den magst du doch so gerne, und du brauchst doch Proviant, wie willst du es denn schaffen?"

„Mir egal, ich schaff das schon!" Drehe mich um und verschwinde.

Inzwischen ist es zwölf Uhr mittags. Erbärmlich brennt die Sonne vom Himmel. Auf halber Strecke zur Hauptstraße kommt mir ein Auto entgegen und hält an. Es ist der nette Nachbar vom Haus nebenan, der hier mit seiner Frau die Sommermonate verbringt.

„Wo wollen sie denn hin", er wundert sich wohl, wieso ich allein mit meinem Rucksack unterwegs bin.

„Die ist ja verrückt, total verrückt."

„Das haben wir auch schon gesagt", antwortet er mit gelassener Stimme und fährt fort, „trotzdem, wo wollen Sie denn hin?" „Nach Guéret natürlich, wohin wohl sonst?" Er runzelt die Stirn, überlegt kurz, dann schlägt er folgendes vor:

„Passen Sie auf, ich bring jetzt meiner Frau die Einkaufssachen, komme danach zurück und fahre Sie dann nach Guéret."

„Oh, vielen, lieben Dank!" Erleichtert setze ich mich im Schatten auf einen Stein. Mensch hab ich mal wieder ein Glück, zumal der nette Nachbar auch noch deutsch spricht. Er war im Elsass geboren und aufgewachsen.

Im Zug nach Paris muss ich herzhaft lachen: Nun bin ich auf dieser Reise ein zweites Mal auf der Flucht.

KATZENJAMMER

„Ich…?", rufe ich zweifelnd in den Hörer, „ich hab doch noch nie auf eine Katze aufgepasst! Bei aller Liebe Ingrid, aber das kann ich nicht!"
Funkstille am anderen Ende der Leitung, dann ein Räuspern und schließlich antwortet sie:
„Wieso nicht, Moni? Die Katze kennt dich und sie mag dich. Außerdem ist eine Katze sehr pflegeleicht, du brauchst mit ihr nicht mal vor die Tür zu gehen, wie mit einem Hund. Du wirst sehen, es ist ein Kinderspiel." Mit Engelszungen versucht sie mich, zu überreden. „Sonst kann ich nicht verreisen und du weißt, wie wichtig diese Reise für mich ist."
„Gib mir ein paar Tage Bedenkzeit", antworte ich schon etwas wankelmütig geworden. Insgeheim ahne ich, diesen Wunsch kann ich Ingrid nicht abschlagen. Sie tut mir aufrichtig leid in ihrer momentanen Situation. Ausgerechnet in dem Moment, als ihr neues Traumhaus bezugsfertig war, wurde sie von ihrem Mann wegen einer jüngeren Frau verlassen. Bereits am nächsten Tag sage ich zu. Nicht wissend, worauf ich mich da eigentlich einlasse.
Am Abend vor Ingrids Abreise holt sie mich vom Bahnhof Neustadt ab. Einsam auf weiter Flur liegt das schnuckelige Friesenhaus direkt an der Ostsee. Außer ein paar Baustellen ist nur Ingrids Haus fertig gestellt.

„KRÜMEL" steht in großen Lettern auf ein, mit der Hand beschriebenes Blatt Papier, das unübersehbar auf dem Esszimmertisch liegt. Punkt für Punkt geht Ingrid mit mir die Liste durch. Ich atme auf. „Klingt ja alles ganz einfach."
Doch dann kommt Ingrid zum letzten Punkt: „Moni, was ich dir jetzt erkläre, ist sehr wichtig! Es ist das erste Mal, dass ich Krümel allein lasse. Das bedeutet, sie wird bestimmt Heimweh nach mir bekommen und im schlimmsten Fall aufhören zu essen."
Komisch, ich denke Tiere fressen?
„Isst Krümel zwei oder drei Tage nichts", fährt Ingrid unbeirrt fort, „ist es nicht weiter schlimm, du musst nur aufpassen, dass sie trinkt. Denn Katzen trocknen ganz schnell aus. Für alle Fälle habe ich dir

hier die Adresse und Telefonnummer des Tierarztes aufgeschrieben, dort fährst du dann mit einem Taxi hin und der Arzt legt Krümel dann an den Tropf."

„An was bitte?" Nun hat Ingrid es doch tatsächlich geschafft; ich werde wieder völlig unsicher. Auf solche Aktionen hab ich ja nun gar keine Lust!

„Mensch Moni, das ist doch überhaupt nicht schlimm, damit rettest du doch Krümels Leben. Falls es soweit kommen sollte! Aber das passiert doch nur im äußersten Notfall!", versucht sie mich zu beruhigen.

Früh am nächsten Morgen steht Bernd, Ingrids langjähriger Freund, auf der Matte, um sie zum Flughafen zu bringen. Eine kurze Begrüßung, ein herzlicher Abschied, ein letztes Winken und schon fahren beide um die Ecke und ich stehe allein mit der Katze vor dem Haus. Als ersten Annäherungsversuch kraule ich sie, möglichst vorsichtig, an ihrem Hals. Wohlig schnurrend schaut sie mich mit ihren großen grünen Augen an. „So, Krümel, nun wollen wir es uns mal so richtig gemütlich machen."

Ha, gemütlich, daraus wird erstmal nichts. Ständig stellt sich Krümel an die Terrassentür und will nach draußen, also stehe ich auf und mache die Terrassentür auf. Kaum ist sie draußen, miaut sie, weil sie wieder rein will. Ich könnte ja die Terrassentür etwas auflassen, denn es ist ein milder Frühlingstag, aber:
„Lass bloß niemals die Terrassentür auf", hat Ingrid mich gewarnt, „denn sie fängt Mäuse."
„Klar, Katzen fangen Mäuse, das weiß ich auch. Nur was hat die Terrassentür damit zu tun?"
„Weil die Katze die Maus nicht sofort tötet und frisst, sondern sie schleppt sie womöglich hier rein und legt sie dir als Jagdtrophäe zu Füßen, gewissermaßen als Liebesbeweis."
Auf so ein Katz- und Mausspiel habe ich natürlich keine Lust. Also bleibt mir nichts anderes übrig, als die Terrassentür ständig zu öffnen und wieder zu schließen.
Todmüde lege ich mich abends ins Bett, in Ingrids Bett. Krümel kommt gleich hinterher und legt sich auf die andere Hälfte des Doppelbettes. Statt eines Guten-Nacht-Kusses, wie sie es von Ingrid

gewohnt ist, muss sich Krümel mit Krauen zufrieden geben. Dann drehe ich mich um und schlafe auch sofort ein.

„Puh, was stinkt denn hier?" Ein unangenehmer Fleischgeruch steigt mir während der Nacht in die Nase. Ich knipse das Licht an, nehme Krümels Fressnapf, den ich auf Ingrids Geheiß ans Fußende des Bettes gestellt hatte und bringe es hinunter in die Küche. Die Katze miaut und trottet hinter mir her. „Egal, Krümel, wenn du Hunger hast, musst du eben runter laufen, basta. Im Schlafzimmer gibt es bei mir kein Nachtmahl."

Am nächsten Morgen geht der Katzenterror weiter. Tür auf, Tür zu. Einmal lass ich sie einfach länger draußen. Als ich sie dann endlich wieder rein lasse, läuft sie sofort in die Küche. Auf leisen Sohlen schleiche ich hinterher. Gott sei Dank, sie schleckt vom Wasser. Wenn sie nichts frisst, hat sie ja vielleicht eine Maus gefressen und zwar draußen, überlege ich. Irgendwann am Nachmittag höre ich, wie sie am Trockenfutter knabbert.

Mein Handy gibt ein SMS-Signal von sich.

„Wie geht es meiner Puppe?" Das ist Krümels Kosename.

„Alles bestens, essen und trinken klappt", schreib ich kurz und knapp zurück.

Siedendheiß fallen mir am Sonntagabend die Mülleimer ein, die ich an die Straße stellen soll. Es ist bereits dunkel. Krümel sitzt auf der Treppe und wartete nur darauf, dass ich die Tür öffne.

„Du bleibst schön hier drin, verstanden?" Während ich sie ganz genau beobachte, öffne ich die Tür nur so weit, dass ich schnell hindurch schlüpfen kann. Eine braune und eine grüne Tonne stelle ich vor den Gartenzaun auf den Bürgersteig. Genau so vorsichtig schleiche ich mich wieder zurück ins Haus, doch schwupp ist sie mir doch entwischt und verschwindet in der Dunkelheit. Ich warte und warte, schließlich gehe ich ums Haus herum und rufe: „Krümel wo bist du?" Dann versuche ich es mit Puppe: „Puppe, wo steckst du?" Nichts. Nirgends kann ich Krümel entdecken, denn auch ihr Fell ist schwarz wie die Nacht.

„Du musst unbedingt darauf achten, dass die Katze abends drin ist", hatte Ingrid mir eingebläut. Ein frischer Wind fegt vom Wasser her übers Land und lässt mich frösteln. Langsamen Schrittes gehe ich die Straße entlang und tauche immer tiefer ein in die Dunkelheit der Nacht. Denn nur vor Ingrids Haus ist eine Laterne angebracht. Aus gähnend leeren Baustellen ragen die unfertigen Häuserwände in die Höhe und starren mich geisterhaft an. Mir wird ganz unheimlich zu Mute, um nicht zu sagen, ich habe richtig Angst in dieser finsteren menschenleeren Gegend, ganz allein auf weiter Flur zu sein. Schnell mache ich kehrt und flüchte mich ins Haus.

Hier fühle ich mich wieder sicher, hole das Bettzeug und mache es mir auf dem Sofa, gegenüber der Terrassentür, bequem. So kann ich sie jederzeit öffnen, wenn Krümel um Einlass bittet. Nicht auszudenken, wenn der Katze was passiert, das wird wahrscheinlich der größte Schock in Ingrids Leben. Dieses Szenario wage ich nicht zu Ende zu denken. Schluss jetzt! Du schläfst bis es hell wird, dann wird sie schon kommen, versuche ich meine angespannten Nerven zu beruhigen. Wie vermutet, sitzt sie gegen fünf Uhr morgens brav vor der Terrassentür. Ich lass sie rein, nehme meine Bettdecke und lege mich wieder ins Schlafzimmer. Das war meine zweite unruhige Nacht. Dann wird es ruhiger mit uns beiden.

Wieder eine Nachricht von Ingrid:

„Was macht meine Puppe, ich vermisse sie sehr."

‚Ah ha, dachte ich es mir doch, Ingrid vermisst ihre Katze mehr, als die Katze sie. Wieso kann sie nicht in Ruhe tauchen? Ich sehne mir den Tag der Wachablösung herbei, denn die zweite Woche will Ingrids Freundin Karin auf Krümel aufpassen. Sie wird bestimmt entspannter mit der Katze umgehen. Schließlich hatte sie selbst mal Katzen gehabt.

Letzter Abend.

Fasziniert schaue ich im Bad durchs offene Velofenster in eine glutrot gefärbte Wolkenformation, die der Sonnenuntergang hinterlassen hat und die Gegend in ein warmes Licht taucht. Der letzte leise Ruf eines Vogels dringt zu mir herüber. Aus der Ferne ertönt das Horn eines Fährschiffes. Wie Lichtkegel glitzern die Scheinwerfer des Leuchtturms aufs Wasser. Die Wellen plätschern leise an den Strand. Gedankenverloren genieße ich diese Abendstimmung, hin und wieder genehmige ich mir einen Schluck vom Kräuterlikör und stelle das Glas auf den Wasserkasten neben mir. Bis die Nacht die Dämmerung verschluckt. Inzwischen funkeln die ersten Sterne am Himmel.

Plötzlich, mit einem Satz erscheint die Katze auf dem Fensterbrett. In Sekundenschnelle packe ich sie, wo meine Hand sie gerade zu fassen bekommt. Mit aller Kraft reiß ich sie zurück in Richtung Badezimmer. Sie miaut laut auf, reißt sich los und purzelt auf die Fliesen. Mit ihr im Gefolge ein Höllenlärm. Glas zerspringt in tausend Scherben. Nicht nur ich, auch Krümel hat sich so erschreckt, dass sie sich aus dem Staub macht.

Oh je, was ist denn jetzt zu Bruch gegangen?

Auf dem Wasserkasten stehen wertvolle Porzellanfiguren. Schnell schließe ich das Fenster und knipse das Licht an. Die Fliesen sind übersät mit kleinen Glassplittern. Mit einem Besen und Schaufel fege ich jeden einzelnen Splitter des Likörglases auf. Damit Krümel sich bloß nicht noch an einem Glassplitter verletzt, das fehlt mir noch. Als ich das Schlafzimmer betrete, liegt die Katze auf dem Stuhl vor der Frisierkommode und beobachtet mich. Hoffentlich habe ich sie beim Zurückreißen von der Fensterbank nicht verletzt, schießt es mir durch den Kopf.

Anfassen will ich sie lieber nicht, vielleicht übt sie Rache aus und kratzt mich.

„Komm Krümel." Die Katze springt auf und folgt mir, anscheinend unverletzt, in die Küche. Später sinke ich mal wieder völlig erledigt ins Bett. Gott sei Dank! Morgen ist Wachablösung. Mit einem Seufzer schlafe ich ein.

Mitten in der Nacht, als ich wieder mal auf die Toilette muss, vermisse ich Krümels leichtes Schnarchen. Trotz der Dunkelheit im Zimmer kann ich Umrisse ihres Körpers auf der Matratze erkennen. Dann schalte ich die Nachttischlampe ein und bekomme…, meinen letzten Schock. O Gott! Ist sie tot? Ist mein erster Gedanke. „Krümel, Krümel, wach auf", flüstere ich leise. Sie liegt so merkwürdig verdreht da, wie ich es vorher noch nie bei einer Katze gesehen habe, ganz flach auf dem Rücken, alle Viere weit von sich gestreckt. Schnell stehe ich auf, laufe ums Bett herum, beuge mich zu ihr nieder und horche ob sie atmet. Nichts ist zu hören. Dann versuche ich es mit „Puppe, Puppe", anfassen will ich sie noch immer nicht. Mir wird heiß und kalt. So kann ja nur eine tote Katze daliegen! Dann zupfe ich an der Decke, auf der sie liegt. Puppe schlägt die Augen auf, springt auf ihre Pfoten und verschwindet nach unten.

Schon wieder habe ich sie erschreckt.

Als ich morgens aufwache, liegt die Katze auf dem Frisierstuhl und schnarcht wie gewohnt. Von mir will sie anscheinend nichts mehr wissen.

Gegen 10 Uhr erscheint Karin auf der Bildfläche.

„Gut, dass du schon so früh gekommen bist, ich bin mit meinen Nerven völlig am Ende, das mach ich nie wieder." „Wieso Moni, was ist denn los?", fragt sie völlig überrascht. Es sprudelt nur so aus mir heraus, bis ich mir alles von der Seele geredet habe. „Das sehe ich alles ganz anders", sagt Karin amüsiert, „aber ich habe ja auch selber drei Katzen gehabt."

Fix und fertig sitze ich später im Zug nach Hamburg und schaue aus dem Fenster. Goldgelbe Rapsfelder gleiten an mir vorüber, ohne dass ich sie bewusst wahrnehmen kann. Obwohl ich ja gerade sie so sehr liebe.

Gleich nach Ingrids Rückkehr, berichte ich ihr alles haargenau am Telefon.

„Aber so ernst, wie du es aufgefasst hast, habe ich es gar nicht gemeint", sagt sie mit einem unschuldigen Ton in der Stimme.

„Ach, ne, und warum hast du mir andauernd eine SMS geschrieben? Was macht meine Puppe? Wie geht es meiner Puppe? Ich vermisse meine Puppe!", äffte ich nach, „kein Wunder, dass ich panisch wurde, damit deiner Puppe bloß nichts passiert!"

„Ach, Moni, da hast du dir aber doch zu viele Sorgen gemacht, eine Katze hat sieben Leben, und dass sie auf dem Rücken lag, das macht sie nur, wenn sie sich sehr, sehr wohl fühlt."

Trotzdem, ich passe auf deine Katze garantiert nie wieder auf!", erwidere ich trotzig.

Inzwischen habe ich Ingrid wieder mal besucht und Krümel schnurrt gleich bei meinem Erscheinen um mich herum, als seien wir alte Freunde.

Sieben Monate später. Ingrid ist auf großer Kreuzfahrt. Und diesmal klappt alles ohne besondere Vorkommnisse.

Geht doch, auch ohne Katzenjammer!

DER BERG RUFT

Mir flattert eine Einladung ins Haus:
„Bergwandern mit Hüttenübernachtung"

Hoch droben auf einem Berg in einer einsamen Hütte zu übernachten, das war schon immer ein langgehegter Wunsch von mir.

„Wie hoch ist euer höchster Berg?", weiter wage ich gar nicht zu denken. Ja, glaubt er denn ich bin eine versierte Bergsteigerin? Wo bin ich denn hier gelandet? In der Einladung steht doch klar und deutlich Bergwandern und nicht Bergsteigen. Da stehe ich nun mit meinem Talent und kann nicht glauben, was ich da höre. In Gedanken wiederhole ich die Frage, die unser Bergführer Jens gerade an uns gestellt hat „Wie hoch ist euer höchster Berg, auf den ihr schon gestiegen seid." Zum Glück schaut Jens nach links, wo Luise steht, die mit ihren Bergsteiger-Erfahrungen beginnen soll. Ich befinde mich rechts am Ende des Kreises, der aus zwölf Personen besteht. Mitten im Garten des kleinen gemütlichen Hotels mit dem schönen Namen „Jagdschlösschen" in Großkirchheim, 1.024 Meter über dem Meeresspiegel, in den Bergen Österreichs.

Es sprudelt nur so aus Luise heraus, wie viele Berge sie gemeinsam mit ihrem Mann, der neben ihr steht und Günter heißt, erklommen hat. Sie antwortet für ihn gleich mit. Dann fachsimpeln sie noch eine Weile über die Schwierigkeitsgrade der einzelnen Berge. Das sind alles böhmische Dörfer für mich. Nun kommt Hermann an die Reihe, der neben Marion steht. Auch ein Pärchen. Diesmal redet Hermann gleich für Marion mit. Sie können noch mehr punkten, als sie die vielen von ihnen bestiegenen Berge aufzählen. Mir bleibt die Spucke weg über das, was ich da gerade höre. Ich werde immer nervöser. Neben mir steht Joscha, 26 Jahre alt. Der kann ja noch nicht so viele Bergsteiger-Erfahrungen gehabt haben, tröste ich mich. Stimmt, als er an die Reihe kommt, erzählt er, dass er seit seiner Kindheit in Wien wohne und vor lauter Schule und Studium noch nicht viel mit den Bergen am Hut gehabt habe. Aber er freue sich irrsinnig auf seinen ersten morgigen Bergaufstieg. Na, Gott sei

Dank, war ich nicht die einzige blutige Anfängerin. Nur er ist ein junger kräftiger Bursche und ich? Nun bin ich an der Reihe. Plötzlich, wie durch ein Wunder, fällt mir ein Bergerlebnis von ganz, ganz früher ein. Ausführlich beginne ich zu berichten:

„Es ist schon eine Weile her", schnell rechne ich nach, wann ich in der Schweiz gearbeitet habe und fahre fort, „45 Jahre. Damals lebte ich für ein Jahr in Herrliberg am Zürichsee. In dieser Zeit unternahm ich mit einem Freund aus Zürich einen Ausflug an den Vierwaldstädter See. Wir wollten auf den Pilatus. Es sollte nur ein Ausflug werden, denn ich trug Pumps. Gemütlich wanderten wir bis zur vorletzten Gondelstation. Weil die Strecke so schön war, wollte ich das letzte Stück bis ganz oben weiter laufen und nicht, wie vorgesehen mit der Gondel. Der Weg sah zunächst noch ganz passabel aus. So wanderten wir höher und höher, bis die blanken Felsen kamen. Sie waren teilweise noch mit Schnee bedeckt. Karl-Otto, mein Begleiter, wollte umkehren, doch mich hatte das Bergfieber erwischt. So krochen wir das letzte Stück auf allen Vieren hoch." Stolz wie Oskar, beende ich mein Bergerlebnis mit den Worten: „Der Pilatus ist 2.200 Meter hoch!"
Jens lächelt mich an:
„Na, das ist doch schon mal was, aber Pilatus? Nie von dem Berg gehört." Komisch, denke ich, den kennt sogar meine Tante Henny, auch Hamburgerin, wie ich. Sie war früher oft in den Bergen, aber zum Wandern und nicht zum Bergsteigen.

„Morgen geht es aber um mehr und – vor allen Dingen ohne Pumps. Hast du denn richtige Wanderstiefel mit?", hakt Jens nach.
„Selbstverständlich, steht doch in der Einladung, was wir mitbringen sollten."
„Trotzdem, am besten, du zeigst mir morgen früh deinen Rucksack, bevor wir losgehen."
„Meinst du, ich soll überhaupt mitkommen? Schaffe ich es überhaupt? Das mit dem Pilatus ist schließlich eine Ewigkeit her."
„Aber sicher, wir sorgen schon dafür, dass auch du rauf kommst!"
Er macht mir Mut.
Als ich am nächsten Morgen aus der Empfangshalle des Hotels ins Freie trete, wartet der Rest der Truppe bereits vor dem Hotel. Mit

erstauntem Gesicht nimmt Jens meinen vollgestopften Rucksack entgegen und inspiziert ihn. Das Schauspiel beginnt. Die Gruppe rückt näher zusammen, damit ihnen ja nichts entgeht. Alles, was ich seiner Meinung nach nicht brauche, legt Jens beiseite. „Wozu brauchst du denn das?" Ungläubig hebt er mein kleines Schaumstoffkissen in die Höhe und betrachtet es von allen Seiten. Als ob es daran viel zu sehen gibt.

Ganz verlegen, aber mit trotzigem Ton verteidige ich es: „Das ist mein Notkissen, falls eure Kissen da oben hart wie Stein sind, kann ich nämlich nicht schlafen." Damit er ja nicht auf die Idee kommt, es auszumustern. Die anderen Bergsteiger-Profis kommen bei diesem Schauspiel voll auf ihre Kosten. Ich sehe es an ihren Gesichtern.

„In Ordnung", meint er dann, es ist ja nicht schwer und wenn wir es zusammenquetschen, nimmt es nicht viel Platz im Rucksack weg." Er stellt den fertig gepackten Rucksack auf die Veranda. Ich nehme die aussortierten Sachen und bringe sie schnell aufs Zimmer. So schnell, dass ich nicht auf den Teppich achte, der in der Eingangshalle liegt, und plumps knalle ich der Länge nach hin. Mist, jetzt habe ich mir auch noch das rechte Knie blutig geschlagen. Das kann ja heiter werden. Auf dem Zimmer schmiere ich mir Wundsalbe drauf und klebe ein Pflaster drüber. Wie gut, dass ich eine dreiviertel lange Jeans trage, so sieht es wenigstens niemand. Trotzdem fluche ich noch über den Teppich, als ich unten wieder ankomme.

„Wieso hat der Teppich Schuld?", fragt Günter.

Kennt man ja: „Wer den Schaden hat, braucht für den Spott nicht mehr zu sorgen", gebe ich schnippisch zurück.

Mit dem Auto fahren wir weiter bergauf bis kurz vor einer Alm. Abgelenkt vom Bergpanorama, vergesse ich schnell mein schmerzhaftes Knie. Bevor wir losmarschieren, sagt Jens zur Gruppe:

„Ich werde mit Moni das Schlusslicht bilden. Dann könnt ihr euer eigenes Tempo laufen."

Dieser Vorschlag kommt mir sehr entgegen, denn auf normalen Wandertouren bilde ich auch immer das Schlusslicht. Ich betrachte lieber die Natur, als zu rasen. Auf einer Alm bei 1.600 Höhenmetern beginnt die eigentliche Wanderung.

Wie ein Postkartenmotiv liegt einsam die Almhütte inmitten einer blühenden Almwiese. Verschwenderisch wuchern lachsfarbene Geranien im Wechsel mit blauen Männertreu in Blumenkästen, die rund ums Haus angebracht sind. Für einen kurzen Moment beschleicht mich die Hoffnung, wir wandern von Alm zu Alm und werden in so einer romantischen Almhütte, wie dieser hier, übernachten. Doch was mich wirklich erwarten soll, ist fern meiner Vorstellungskraft.

Ein leuchtend roter Teppich aus Alpenrosen breitet sich vor uns aus. Sie bilden einen unbeschreiblichen Farbkontrast zum frischen Grün der Alpenwiesen und zum strahlenden Blau des Himmels. Selbst im Wald blühen Büschel von Alpenrosen. Ich habe schon viel darüber gelesen, aber so schön habe ich sie mir nicht einmal im Traum vorstellen können. Die Kuhglocken bringen die schönsten Töne in dieser Einsamkeit hervor. Mein Herz hüpft vor Freude. Am liebsten würde ich ein Wanderlied schmettern, aber singen liegt mir nicht und schon gar nicht allein.

Lange hält diese Euphorie nicht vor. Plötzlich ist Schluss mit lustig. Die Tour, um nicht zu sagen „Tortour" beginnt. Der Weg wird steiler und unser Abstand zum Rest der Gruppe wird größer. Längst haben sich Günter mit seiner Luise zu uns gesellt. Sie wollen diesmal auch etwas langsamer gehen als sonst, wie sie vergewissern. Die ersten Schweißperlen beginnen mir von der Stirn zu rollen.

„Komm, gib mir deine Jacke", schlägt Luise vor, die ich mir um die Hüften gebunden habe.

„Aber die schützt doch meine Nieren", verteidige ich die Jacke.

„Braucht sie nicht", erwidert sie, „viel wichtiger ist, dass der Körperschweiß immer gleich wieder trocknet und sich nirgends sammeln kann." Das leuchtet mir ein. Mein Rucksack wird schwerer und schwerer und ich bin froh als wir endlich die Gruppe einholen. Sichtlich erholt, sitzen sie gemütlich auf den Bänken eines Rastplatzes.

Wieder ist es Luise, die sich nun meinen Rucksack vorknöpft. Einige Sachen verstaut sie in ihren Rucksack und den Rest mitsamt dem Rucksack muss Günter mit in seinen Rucksack packen.

„So", sagt sie zufrieden, „jetzt hast du nur noch deine Wanderstöcke und bist frei von jeglichem Ballast, denn die eigentliche Tour geht jetzt erst richtig los!"

„Wie…? Bitte…? Wie meinst du das, die Tour geht jetzt erst richtig los? Ich bin doch jetzt schon völlig kaputt!"

„Warte es ab, aber mach dir keine Gedanken, Günter geht ab sofort vor dir und ich hinter dir. Gemeinsam werden wir es schon schaffen", versucht sie mir Mut zu machen. Jens hat sich der Gruppe angeschlossen und die sind längst wieder auf und davon.

Erleichtert, zumindest vom Gepäck her, nehme ich meine Wanderstöcke und stolziere los. Wie gut, dass Jens sie mir heute Morgen mitgebracht hat. Vorsorglich, wie er meinte. Der Weg wird steiler und steiler und die Vegetation immer spärlicher. Hier noch ein Büschel Alpenrosen, dort noch ein kleines Bäumchen. Die Sonne knallt mir erbarmungslos auf den Pelz. Nun komme ich aus dem Schwitzen überhaupt nicht mehr heraus. Zum Glück sind die Hohen Tauern ein sehr wasserreiches Gebiet. Überall sprudeln und rauschen kleine und größere Wasserfälle die Felsen hinunter. Allmählich werden meine Knie weich. So schleppe ich mich von Wasserstelle zu Wasserstelle. Schon allein um jedes Mal wenigstens eine kleine Pause rauszuschinden, verlange ich nach der Wasserflasche, die Luise mit dem kühlen Nass füllt. Es ist das Köstlichste, was ich je in meinem Leben getrunken habe. Außer mich qualvoll voranzubewegen, bin ich nicht mehr in der Lage, auch nur einen einzigen Handgriff zu tätigen.

Ehrlich gesagt, wusste ich bis dato nicht, dass man an einem Tag soviel Wasser trinken kann und jeder Tropfen das Köstlichste ist, was man sich vorstellen kann. Zusätzlich kühle ich mir das Gesicht mit dem Wasser und lasse es auch noch über meine Arme laufen.

Der Schweiß läuft mir in kleinen Rinnsalen den Körper herunter und wird von den Jeans wie ein nasser Schwamm aufgesogen. Was zur Folge hat, dass sie nach kurzer Zeit wie Pattex an meinem Körper klebt. „Tja", ist Günters Kommentar, „du wirst keinen Bergwanderer mit Jeans erleben. Dafür gibt es leichte Outdoorhosen.

Wenig später sagt Günter, ohne zu wissen, was er mir damit antut: „Schau Moni, da oben müssen wir hinauf." Ungläubig blicke ich, seinem Finger folgend, auf eine Bergspitze, die im Himmel zu enden scheint. „Was…? Das schaff ich nicht. Nein, niemals, ich bin total am Ende, am besten, ich setze mich hier irgendwo hin und warte auf den Hubschrauber." „Auf welchen Hubschrauber?" Günter runzelt seine Stirn. Bestimmt denkt er, ich fantasiere bereits. „Na, Jens hat doch gestern Abend erzählt, dass die Hütte da oben mit einem Hubschrauber versorgt wird."

„Ach, das meinst du, da kannst du aber lange warten", scherzt Günter.

„Wieso, lange warten? Er versorgt doch die Hütte mit allem, was die da oben brauchen."

„Aber nur zweimal im Jahr. Am Anfang der Saison und im Herbst am Ende der Saison!"

„Witzbold", seufzend raffe ich mich wieder auf, nehme die beiden Stöcke und quäle mich weiter bergan. Nun hat Günter wohl doch ein schlechtes Gewissen mir gegenüber, denn ab sofort ist er rührend um mich besorgt. Sobald er etwas Interessantes sieht, lenkt er meine Aufmerksamkeit darauf. So zeigt er mir einen Enzian und etwas später ein Edelweiß. Für Sekunden lassen diese schönen Momente mich meine Schinderei vergessen. Wildwachsende Kräuter zerreibt er zwischen seinen Fingern und lässt mich dran schnuppern, um zu raten, welches Kraut es ist. So schraube ich mich Zentimeter um Zentimeter weiter nach oben. Nur noch Geröll und nackte Felsen. Ich probiere alles aus, mal mit, mal ohne Stöcke, mal auf allen vieren. Dann trägt Günter die Stöcke für mich. Schließlich schlägt er vor, ich soll mich am anderen Ende der Stöcke festhalten. Mehr schlecht als recht zieht er mich so hinter sich her. Doch das wird mir auf Dauer zu unsicher. Und so krabbele ich weiter die Felsen hoch.

Endlich! Eine letzte Biegung um einen Felsen herum, ich bin kurz vorm Exitus, da steht sie, die „Adolf Nossberger" Hütte. Stolz auf einem Felsplateau 2.488 Meter über dem Meeresspiegel. Umgeben von fünfzehn Bergspitzen der Dreitausender.

Fröhlich in die Hände klatschend, empfängt uns die Gruppe. Sie sitzen bereits seit zwei Stunden auf den Holzbänken vor der Hütte, gespannt, wann wir endlich eintrudeln werden. Immerhin waren wir vier Stunden unterwegs. Marianne ruft mir entgegen:

„Super, toll Moni, das hast du wirklich gut gemacht! Du bist jetzt die höchste Hamburgerin!" Ich bin aus der Gruppe die einzige aus dem platten Norden. Ein gequältes Lächeln bringe ich gerade noch zustande. Roland, der Hüttenwirt, reicht mir ein großes Glas mit einer roten Flüssigkeit. „Hier trink, es wird dir gut tun." Energiedrink nennt er es. Mit einem Zug leere ich das Glas. Danach führt er mich in den Waschraum für Frauen. Mit drei Waschbecken und fließend eiskaltem Wasser ausgestattet ist es Luxus pur. Wohlig lasse ich mir das Wasser über mein erhitztes Gesicht und die Arme laufen. Völlig erschöpft, aber erleichtert, lasse ich mich auf eins der vier Betten im Schlafsaal fallen und schlafe sofort ein.

Irgendwann, es ist noch hell, werde ich wach und spüre, wie meine Lebensgeister ganz langsam wieder von mir Besitz ergreifen. Nur die Betten und ein kleiner Tisch schmücken den Raum. Durch ein kleines Fenster an der Stirnseite meines Bettes fällt mein Blick auf ein atemberaubendes Bergmassiv. Es hat angefangen zu regnen. Der Regen lässt das Bergpanorama in ein mystisches Licht tauchen.

Unterhalb der Hütte liegen drei kleine ineinander fließende türkis schimmernde Bergseen, die in den großen Gradensee fließen. Lautes Gelächter und fröhliche Stimmen dringen an mein Ohr. Einigermaßen erholt, gehe ich nach unten in die Gaststube zu den anderen. Für unseren großen Hunger hat Roland mit seiner Assistentin Lena ein simples Nudelgericht zubereitet, das hervorragend schmeckt. Alles was hier oben getrunken und verzehrt wird, musste vorher mit Muskelkraft raufgeschleppt werden.

„Schaut euch doch bloß mal den Regenbogen an", unterbricht Marion unsere Unterhaltung. Ein Regenbogen auf Augenhöhe, direkt an der gegenüber liegenden Felswand, zum Greifen nahe. Inzwischen hat es aufgehört zu regnen. Blauer Himmel wechselt mit dunklen Wolkenfetzen. Aus einer dieser Wolke, die sich unterhalb der Bergspitze befindet, tritt ein dicker fetter Regenbogen hervor. Wie mit einem Quast kunstvoll mit den kräftigsten Farben auf die Felswand dahingepinselt. Verschwenderisch, wie die Natur so manchmal aus ihrem Füllhorn schüttet, gesellt sich ein zweiter Regenbogen genau so groß und farbintensiv hinzu. In abgeschwächter Form lässt auch ein dritter Regenbogen nicht lange auf sich warten. Gebannt starre ich auf dieses einmalige Naturschauspiel, bis sie schwächer werden und sich allmählich auflösen.

„Tja", sagt Roland, „dieses Naturschauspiel bekommen wir hier oben öfters zusehen und auch genau an derselben Stelle."

„Übrigens Moni, was ist denn mit morgen, kommst du auch mit?", neugierig aber mit einem ironischen Unterton in der Stimme, schaut Kurt mich an.

„Wieso, wohin denn?", ich bin verblüfft, „was kommt denn jetzt noch?"

„Da erklimmen wir die nächste höhere Bergspitze," gespannt wartet er auf meine Reaktion. Mit Nachdruck sage ich: „Viel Spaß, mich kriegt keiner von euch auch nur einen Zentimeter höher als hier. Ich genieße lieber das Bergpanorama von hier aus!"

„War auch nur ein Scherz", wohlwollend lächelt er mich an, „wollte nur mal deine Reaktion sehen, ruh dich man für den Abstieg aus." Ach ja, der Abstieg? Puh, daran habe ich noch gar nicht gedacht. Na ja, runter geht es bestimmt leichter, beruhige ich mich im selben Moment wieder.

Ich wünsche allen eine „Gute Nacht" und verkrümele mich. Am nächsten Morgen stehe ich erst auf, als die anderen weg sind. Ich will in Ruhe in der Sonne vorm Haus frühstücken. Gemütlich schlendere ich zu den Seen hinunter und setze mich auf einen von der Sonne gewärmten Felsen. Als ich von meiner kleinen Exkursion zurückkomme, sitzt Roland vor der Hütte und schält Zwiebeln fürs Mittagessen. Ich setzte mich zu ihm. „Sag mal Roland, wie lange bleibst du denn hier oben?" „Bis die Saison zu Ende ist."

„Was, die ganze Zeit?" „Ja, aber mir gefällt es hier so gut, ich möchte gar nichts anderes machen."

„Und wenn dir mal Lebensmittel ausgehen, wer sorgt dann für Nachschub?" „Es kommt uns immer mal jemand aus dem Tal besuchen, der uns dann die fehlenden Sachen im Rucksack mitbringt, oder ich stiefele selber hinunter."

„Dann musst du nicht nur dich selbst hier wieder hoch schleppen, sondern auch noch das Gewicht der Lebensmittel?" „Ja, ungefähr zwanzig Kilo, aber darin bin ich geübt." „Wahnsinn, wenn ich bedenke, wie schwer es mir gestern fiel mich hier hoch zu schleppen, auch ohne Gepäck. Wahnsinn!", wiederholte ich anerkennend.

„Was ist dir denn passiert?", entsetzt schaue ich Marion an, als die Gruppe von der Bergtour zurückkommt. Schrammen, Blutergüssen und Pflaster zieren ihre Arme, Beine und ihr Gesicht.

„Du siehst ja schlimm aus, bist du etwa gestürzt?" Ja, aber es sieht schlimmer aus als es ist", wehrt sie ab.

Nun fange ich doch an, mir Gedanken um den Abstieg zu machen. Wie selbstverständlich begleiten mich wieder Luise und Günter und lassen mich auch beim Abstieg nicht aus den Augen. Leichtfüßig nehme ich die ersten hundert Meter. „Klappt ja fantastisch, so einfach habe ich es mir nicht vorgestellt", meine ich noch zu den beiden. Doch lange hält meine Hochform nicht vor. Sehr schnell beginnen meine Knie weich wie Butter zu werden.

„Du musst unbedingt immer fest mit dem jeweiligen Fuß auftreten, damit du auf keinen Fall bei dem Geröll ins Rutschen kommst", gibt mir Günter den Rat. Das ist leichter gesagt als getan. Der Pfad wird schmal und steinig und an manchen Stellen fehlt er komplett, dann muss ich Schritt für Schritt am Felsvorsprung Halt suchen. Ich habe große Mühe mein Gleichgewicht zu halten. Die Tortour beginnt von vorn. Wieder krieche ich zwischendurch auf allen Vieren, bis ich festeren Boden unter den Füßen habe. Und auch diesmal nur mit der liebevollen Unterstützung von Luise und Günter. Am Parkplatz schaue ich noch einmal zurück auf die Berge. Unglaublich, dass ich da oben auf der kahlen Bergspitze war.

Auf unserer Fahrt zurück ins Hotel klärt mich Luise über Marions Bergunfall auf. Sie ist bei dem Abstieg von heute Morgen ausgerutscht und wie ein Purzelbaum den Hang herunter gekullert - bis sie unten regungslos liegen blieb. Die gesamte Gruppe starrte ihr mit Entsetzen hinterher. Marions Mann war als erster an ihrer Seite. Doch wie durch ein Wunder war außer ein paar Abschürfungen und blauen Flecken, nichts passiert. Wohlweislich haben sie mir diese Story nicht schon vor dem Abstieg erzählt.

Am nächsten Morgen heißt es Abschiednehmen. Obwohl wir nur zwei Tage und drei gesellige Abende miteinander verbracht haben, ist der Abschied sehr herzlich und das übliche Prozedere mit Visitenkarten verteilen beginnt. Wenigstens gibt sie einem das Gefühl, man trifft sich irgendwann und irgendwo mal wieder. Doch hat der Alltag uns erst einmal wieder fest im Griff, verblasst dieses Zusammengehörigkeitsgefühl mehr und mehr. Von Luise und

Günter verabschiede ich mich besonders herzlich und bedanke mich noch einmal für ihre große Unterstützung.

Als einzige aus der Gruppe habe ich meinen Aufenthalt im Hotel für drei Tage verlängert, um diese schöne Gegend rund um Großkirchheim in Ruhe zu genießen, ohne bergsteigen. Doch Pustekuchen! Bereits im Laufe des Tages bekomme ich Muskelkater, der innerhalb kurzer Zeit dramatische Formen annimmt. Jede Bewegung wird zur Qual.

An dieser Reise ist eben alles einmalig, sogar mein Muskelkater.
Bei jedem Schritt durchzuckt mich ein Schmerz von der Fußsohle bis zu den Haarspitzen. Wieder leihe ich mir Wanderstöcke, so kann ich mich wenigstens abstützen. Mit Gegend anschauen wird nichts, wie ein uraltes Mütterchen krieche ich durch den Ort. Rechtzeitig zur Abreise ist der Spuk wieder vorbei.
Im Zug nach Klagenfurt genieße ich noch einmal die vorbeigleitende zauberhafte Berglandschaft mit seinen blau und grün schimmernden Seenlandschaften. Mir fällt der Spruch ein, der in der Berghütte hängt:

„Über die höchsten Berge kommen nur die schlimmsten Feinde oder die besten Freunde" – Roland der Hüttenwirt.

Zu Hause angekommen, schreibe ich an meine neuen Freunde:

„Hallo Luise, hallo Günter,
der Alltag hat mich wieder. Es war wie im Traum!!!
Nicht nur das einmalig tolle Bergerlebnis, auch meine 3-tägigen Glieder und Muskelschmerzen danach (Alptraum). Ich konnte mich in Großkirchheim nur noch kriechend vorwärts bewegen. Trotzdem bereue ich nichts !!! So schön war es, auch mit Euch.
Vielen lieben Dank!

Ganz liebe Grüße aus Hamburg
Moni"

MONI RENNT

„Oma?", unterbricht Alexander meine Gedanken, „kannst du mir mal bitte 20 Pfennig geben, ich möchte Mama noch mal anrufen." Wir sitzen in der Abflughalle in Frankfurt und warten darauf, in die Maschine nach Karachi einsteigen zu können. „Ja, einen Moment", antworte ich und suche in meiner Handtasche nach dem Portemonnaie. Es ist nicht da. Als nächstes durchsuche ich meine Jackentaschen, auch nichts. Dann nehme ich mir die Reisetasche vor, vergebens. Meine Unruhe steigt von Minute zu Minute. „Alexander, weiß du vielleicht, wo mein Portemonnaie ist?" „Aber Oma, woher soll ich denn das wissen?", hilflos schüttelt er mit dem Kopf. „Mensch, wo kann ich es nur gelassen haben?" Meine Gedanken überschlagen sich. Auf einmal fällt es mir wie Schuppen von den Augen. Im Flugzeug von Hamburg nach Frankfurt habe ich mir einen Piccolo bestellt, den musste ich bezahlen. Weil beim Service große Hektik herrschte, bekam ich ihn ziemlich spät serviert. Um ihn noch schnell vor der Landung auszutrinken, habe ich das Portemonnaie auf meinen Schoß gelegt. Und?... Es vergessen. Wahrscheinlich ist es mir beim Aufstehen vom Schoß gefallen. Ich Trottel!

Völlig aufgelöst gehe ich zum Bodenpersonal und erzähle ihnen von meinem Pech. Eine Bodenstewardess nimmt den Hörer in die Hand und telefoniert mit mehreren Abteilungen. Doch egal wo sie anruft, immer dieselbe Auskunft, niemand hat etwas gefunden oder gar abgegeben.
Krampfhaft überlege ich, was ich denn jetzt machen soll. Ohne einen Pfennig Geld kann ich doch gar nicht fliegen! Auf unseren Zwischenstopp in Dubai soll ich im Duty Free noch einige Sachen für meinen Mann, der bereits in Karachi ist, besorgen. Eine Scheckkarte habe ich nicht. Kurz entschlossen hole ich meine EC-Karte aus dem Seitenfach meiner Handtasche und wende mich erneut an die Bodenstewardess: „Ich kann nicht ohne Bargeld fliegen, ich muss noch mal schnell in die Flughafenhalle zurück und mir Geld von der Bank holen, wie viel Zeit habe ich noch?", flehe ich förmlich.
„Wir fangen jetzt mit dem Boarding an. Wenn Sie sich beeilen,

könnten Sie es schaffen! Fragt sich nur, ob Sie schnell genug durch die Passkontrolle und den Sicherheitscheck kommen. Heute ist viel Betrieb."

Zu Alexander gewandt sage ich: "Bleib nur ruhig hier sitzen und pass auf das Handgepäck auf, ich bin garantiert rechtzeitig zurück." Der arme Junge, gerade mal 10 Jahre alt, schaut mich ein wenig ungläubig an. Ich nehme meine Beine oder besser gesagt meine Pumps in die eine, den Reisepass sowie die Boardkarte und die EC-Karte in die andere Hand und renne, wie von einer Tarantel gestochen, durch die nicht enden wollenden Flughafenhallen zur Schalterhalle. Bei der Passkontrolle und dem Sicherheitscheck erkläre ich im Vorbeiflitzen mein Missgeschick und mein Vorhaben.

Völlig außer Atem, mit hochrotem Kopf und einem Pulsschlag von mindestens 180 Schlägen die Minute, stehe ich endlich vor dem Bankschalter. Schnell stecke ich meine EC-Karte in den Geldautomaten, gebe meine Geheimnummer ein und drücke auf den Betrag von 500 DM. Ratter, ratter, ratter, nach einer Weile spuckt er aber nur 200 DM aus. Jetzt habe ich meinen nächsten Schock. Wie eine Furie klopfe ich an dem Schalterfenster der Bank. Verwundert schaut der Bankangestellte von seinem Schreibtisch in meine Richtung. Endlich bemüht er sich aufzustehen und kommt langsamen Schrittes ans Fenster. „Na, wo brennt es denn", fragt er, nachdem er das Fenster zur Seite geschoben hat.

„Also das ist ja nun das Allerletzte", sprudelt es aus mir heraus, „zuerst verliere ich mein Portemonnaie im Flugzeug und nun betrügt mich auch noch ihr Geldautomat, ich habe 500 DM eingetippt und nur 200 DM herausbekommen, hier sehen Sie selbst", ich zeige ihm das Geld in meiner Hand. „Nun mal langsam", erwidert er, „wenn Sie 500 DM eingeben, kommen auch 500 DM heraus." „Ist es aber nicht und ich bestehe darauf, dass Sie es überprüfen, aber bitte, so schnell es geht, mein Flugzeug startet in ein paar Minuten." Mit einem Schlüssel öffnet er den Automaten. Sekunden werden zu Minuten. Wie auf heißen Kohlen hüpfe ich von einem Bein aufs andere. Ich traue meinen Augen nicht, was ich da sehe, als mir der Bankangestellte die Papierrolle unter die Nase hält. Es stehen doch tatsächlich nur 200 DM drauf. „Haben Sie in dieser Woche schon mal Geld vom Automaten gezogen?", fragt er gleichbleibend freundlich. „Ach ja - stimmt, das hab ich ja völlig vergessen. Genau, die 800 DM, die in der Geldbörse waren." „Na, sehen Sie, mehr als 1.000 DM bekommen sie in einer Woche nicht aus dem Automaten." „Und..., was mach ich jetzt? Ich brauch aber dringend mindestens noch 500 DM, ich fliege nämlich etwas weiter weg", erwidere ich kleinlaut geworden. Aufgrund meiner EC-Karte und meines Ausweises, den ich ihm zeige, gibt er mir die Differenz in bar. Denn Glück im Unglück - es ist auch zufälligerweise meine Bank.

Nun renne ich wieder, was das Zeug hält, in umgekehrte Richtung zur Abflughalle zurück. Beim Sicherheitscheck und bei der Passkontrolle muss ich einen so gehetzten Eindruck auf die wartende Menschenschlange machen, dass sie mich ohne murren und knurren vorbei lassen.
Wie ein Häufchen Elend sitzt Alexander allein zwischen den leeren Stuhlreihen. Als er mich sieht, strahlt er übers ganze Gesicht. Auch die Bodenstewardess lächelt erleichtert. „Haben Sie Ihr Geld?" „Ja, und hat sich in der Zwischenzeit mein Portemonnaie wieder eingefunden?", wage ich noch ein letztes Mal zu fragen. „Nein leider nicht, aber der Herr im Fundbüro meinte, sie möchten auf ihren Rückflug bei ihm vorbeischauen, es wird bestimmt noch abgegeben werden. Meistens ist es jedenfalls so", fügt sie hinzu.
„Hm…, zu schön um wahr zu sein!" Als letzte Passagiere steigen wir ins Flugzeug.

Völlig verschwitzt und fertig sitze ich neben Alexander in der Maschine, Richtung Pakistan. Der Urlaub kann beginnen. Irgendwie bin ich froh, an Geld gekommen zu sein. Denn mit einer EC-Karte kann man im Jahre 1990 noch nicht in Geschäften bezahlen und schon gar nicht im Ausland.
Mein Portemonnaie habe ich nie wieder gesehen. Es tröstet mich auch wenig, als bei meiner Rückreise, der Herr im Fundbüro meint: „Tut mir sehr leid, Sie haben ausgesprochen Pech, hier werden so oft Portemonnaies abgegeben, einmal sogar 1.000 DM in losen Scheinen!"

Moni rennt schon wieder!

Fünf Jahre später. Gelernt auf meine Sachen besser aufzupassen, habe ich anscheinend immer noch nicht!

Diesmal ist es meiner Schusseligkeit zu verdanken, dass ich nicht nur mein Portemonnaie liegen lasse, sondern gleich die ganze Handtasche! Mal wieder sind Alexander und ich unterwegs. Wir wollen nach London fliegen und sitzen im Bus zum Flughafen. Weil wir uns lange nicht gesehen haben, reden wir ununterbrochen. Als der Bus dann am Terminal 2 hält, nehmen wir unser Gepäck und steigen aus. Der Busfahrer schließt die Türen und fährt los.

„Oh, je, schreie ich hinterher, „meine Handtasche." Ohne weiter nachzudenken, renne ich dem Bus hinterher. Jedes Mal, wenn der Bus wegen des starken Verkehrs anhalten muss, und ich ihn fast eingeholt habe, fährt er weiter. Mit den Armen wild fuchtelnd, schreie ich wie eine Furie dem Bus hinterher. Dieses Spielchen geht solange, bis er freie Fahrt hat und im hohen Tempo abdüst und aus meinem Blickfeld verschwindet. Völlig aus der Puste laufe ich zu Alexander zurück, der dort wie bedeppert steht und auf das Gepäck aufpasst. Er schüttelt den Kopf und sagt vorwurfsvoll: „Aber Oma, warum bist du denn einfach losgerannt, du hättest auf das Gepäck aufpassen müssen und ich hinter den Bus herlaufen, ich bin doch viel schneller als du!"

Puh, er hat recht. Mit seinen fünfzehn Jahren und seiner Größe von einem Meter vierundachtzig hat er ja auch noch längere Beine. Dumm gelaufen, nun war der Bus weg.

„Ohne meine Handtasche können wir nicht fliegen, da ist alles drin!", bemerke ich inzwischen völlig verzweifelt. Mein Gehirn läuft auf Hochtouren. Mir fällt ein, dass der Bus, in dem wir gesessen haben, nur bis zur Lufthansabasis fährt. Und wieder lasse ich Alexander im Regen stehen und renne diesmal auf ein Taxi zu. Reiße die Seitentür auf und sage:

„Würden Sie mich bitte schnell zur Lufthansa-Basis fahren?"

Will er nicht und auch nicht zwei weitere Taxifahrer, die ich verzweifelt bitte, als ich ihnen von meiner Handtasche erzähle. „Das können Sie nicht von mir verlangen", antwortet ein Taxifahrer, „ich stehe bereits zwei Stunden in der Schlange, um endlich eine Tour zu bekommen."

„Mensch Oma, sag´ doch dem Taxifahrer, er bekäme 20 DM dafür", schlägt Alexander vor, als ich wieder völlig hilflos vor ihm stehe. Tatsächlich: Der nächste Taxifahrer, es ist ein Afrikaner, lässt mich sofort einsteigen, als ich ihm das Angebot mache."

Habe ich ein Glück, der Bus steht noch da. Der Fahrer macht gerade Pause und hat die Handtasche neben sich stehen!

„Ich schwöre, ich werde in Zukunft besser auf meine Sachen aufpassen!", sage ich zu Alexander, als ich freudestrahlend zurück komme.

SPURENSUCHE

„Wir haben keine Schalterhalle!"

„Wie bitte? Keine Schalterhalle? Eine Bank ohne Schalterhalle?", ungläubig schaue ich die Dame hinterm Empfang an, „das hab ich ja noch nie gehört."

„Wir sind eine Investmentbank und brauchen daher keine Schalterhalle", klärt sie mich gleichbleibend freundlich auf.

Krampfhaft überlege ich, wie ich auch ohne Schalterhalle an Bargeld kommen könnte. Dann fällt mir eine plausible Erklärung ein: „Wegen einer Investmentberatung bin ich ja hauptsächlich hier", flunkere ich kurzentschlossen. Meine Stimmung erhellt sich bei dem Gedanken, dass mir der Sachbearbeiter der Bank vielleicht aus der Patsche helfen könnte.

„Dann nehmen Sie bitte einen Moment Platz", sie zeigt auf eine einladende Sitzgruppe, in der Nähe der Fensterfront, „ich werde dem Investmentberater Bescheid geben."

„Danke!" Ich drehe mich um, gehe auf einen der großen schwarzen Ledersessel zu und lasse mich erleichtert in die weichen Polster fallen. Aus meiner Handtasche hole ich mir dicke Wollsocken hervor, die ich mir kurz vorher in der exklusiven und vornehmen Bahnhofstraße gekauft habe. In aller Ruhe ziehe ich sie mir über meine eiskalten Füße, denn in Zürich ist es empfindlich kälter als in Hamburg. Damit hatte ich nicht gerechnet, als ich am Morgen in Hamburg die erste Maschine nach Zürich nahm. Immerhin herrschen in Hamburg bereits frühlingshafte Temperaturen. Dementsprechend war auch meine Kleidung. Unter meinen Hosenanzug trug ich nur dünne Nylons und Halbschuhe mit dünner Sohle.

„Was haben Sie denn?" Ein junger Mann steht plötzlich vor mir und lächelt mich unverschämt höflich an.

„Nur kalte Füße", antworte ich.

Geduldig wartet er, bis ich mein Werk vollbracht habe.

„Gut, dann bringe ich Sie jetzt zu einem Berater!" Ich folge ihm und nehme in einem kleinen Konferenzraum Platz.

„Möchten Sie Kaffee oder Tee?"

„Kaffee wäre toll."

„Gerne", er dreht sich um und geht zur Tür.

„Hätten Sie auch noch ein stilles Mineralwasser für mich?", rufe ich ihm hinterher.

„Selbstverständlich", antwortet er und verschwindet.

Aha, das war noch nicht der eigentliche Berater, sondern sein Assistent, ganz schön vornehm hier. Allein im Zimmer, hole ich mein Portemonnaie aus der Handtasche und mache erstmal Kassensturz. Ganze 320 Mark habe ich dabei. Wenn ich wirklich kein Geld bekomme, wird es eng, allein das Hotelzimmer kostet mich 100 Mark die Nacht. Drei Nächte in Zürich kann ich mir dann abschminken. Ach, ne, das geht auch nicht. Mit meinem günstigen Wochenendticket kann ich ja erst am Montagmorgen um 7.00 Uhr nach Hamburg zurückfliegen.

Ich Dummkopf, kurz vor meiner Abreise habe ich noch schnell die Handtaschen getauscht. Nur weil ich fand, dass die braune Handtasche überhaupt nicht zu meinem grauen Anzug passt. Bei dieser Aktion habe ich die Scheckkarte in der anderen Handtasche stecken lassen. Das habe ich nun davon. Durchgestylt für eine Weltstadt, aber kein Geld auf der Naht.

„Schönen guten Tag", unterbricht eine Männerstimme meine Gedanken. Schnell lasse ich mein Portemonnaie in die Handtasche gleiten und setze mich kerzengerade hin, um möglichst glaubwürdig zu wirken, obwohl ich von Geldanlagen überhaupt keine Ahnung habe. Bereitwillig klärt mich der Investmentberater über diverse Anlagemöglichkeiten auf, die ich später meinem Mann unterbreiten will.

Als letztes erzähle ich ihm von meinem Missgeschick mit der Scheckkarte und frage ihn, ob er irgendeine Möglichkeit sähe, mir etwas Geld zu beschaffen. Kann er nicht, auch nicht auf meinen Hinweis, dass wir bereits seit 35 Jahren Kunden bei dieser Institution von Bank sind.

„Tut mir leid, aber so gern ich Ihnen helfen möchte, wir verfügen hier über kein Bargeld, leider", fügt er achselzuckend hinzu.

Da redet man über Geldanlagen, aber ein paar kleine Scheine in bar sind nicht zu bekommen. Wenigstens habe ich zwei Tassen Kaffee getrunken, ein paar Kekse gegessen und die Flasche Mineralwasser nehme ich mir für unterwegs mit. Ich bedanke mich für das Gespräch und sage ihm, er möge die Investmentvorschläge an unsere Adresse in Hamburg senden und verabschiede mich von dem Banker.

Ab sofort heißt es für mich: sparen, sparen, sparen. Mal sehen, wie weit ich mit meinen paar Kröten in der Weltstadt Zürich komme. Auf der Straße angekommen, schaue ich auf die Uhr. Es ist kurz vor drei Uhr nachmittags. Fein, da kann ich ja jetzt mit meiner Spurensuche beginnen, weswegen ich überhaupt hier bin. Und was das Geld betrifft, kommt Zeit, kommt Rat. Mir wird schon zur gegebenen Zeit eine Lösung einfallen, da bin ich mir ganz sicher. Nun will ich erst einmal in Erinnerung schwelgen. Schnurstracks gehe ich die Bahnhofsstraße zurück zum Zürcher Hauptbahnhof.

Bereits nach zwanzig Minuten sitze ich im oberen Abteil eines Doppeldeckerzuges in Richtung Herrliberg und lasse rechts den Zürichsee und links die leicht hügelige Landschaft an mir vorbei gleiten. Vierzig Jahre sind vergangen, seit ich diese Strecke gefahren bin. Je näher ich meinem Ziel komme, desto aufgeregter werde ich. Kenne ich überhaupt was wieder nach all den Jahren? Herrliberg wird sich, wie alle anderen Orte auf dieser Welt, verändert haben. Genauso ist es, bereits am Bahnhof erkenne ich nichts wieder. Ich frage einen jungen Mann, der mit mir aus dem Zug steigt, nach der Straße „Im Hummrigen."

„Im Hummrigen?", wiederholt er und überlegt. „Nein, eine Straße, die so heißt, kenne ich nicht. Meinen Sie vielleicht die Hummrigen Straße? Das ist die große Straße gleich da vorn. Kommen Sie mit, ich gehe auch dort hin." Und schon bin ich in Begleitung eines jungen Mannes und erzähle ihm von der kleinen Straße, in der damals nur ein paar Einfamilienhäuser standen.

„Am besten, Sie gehen bis ans Ende dieser Straße und sehen dann weiter, vielleicht liegt sie ja da oben irgendwo", schlägt er mir vor. „Mach ich, vielen Dank." Mein Begleiter verabschiedet sich und biegt in die nächste Seitenstraße. Langsam schreite ich die Straße stetig bergan. Sie will einfach kein Ende nehmen. Nichts, rein gar nichts erinnert mich an früher. Allmählich kommen mir Zweifel, ob ich hier richtig bin. Völlig entmutigt höre ich plötzlich am Ende der Straße ein Wasser rauschen. Mensch, schießt es mir durch den Kopf, der kleine Bach, stimmt, da war ein kleiner Bach unmittelbar vor dem Haus. Ich folge dem Geräusch und stehe plötzlich vor einem

Bach. Verträumt schaue ich, wie das Wasser über zwei Felssteine plätschert. Dann schweift mein Blick zu den hohen Tannen, die das Ufer säumen. Ich traue meinen Augen nicht, zwischen zwei Tannen schimmern weißgetünchte Wände, die mit braungrauen Felssteinen durchsetzt sind, hindurch. Es sind die Seitenwände der Garagenauffahrt. Schnell laufe ich um die Tannen herum. Da steht das Haus auf einem kleinen Hügel völlig unverändert wie vor vierzig Jahren. Ich bin am Ziel!

Meine Gedanken überschlagen sich. Falls die Reiners noch leben, wohnen sie noch in dem Haus? Oder hat eins der Kinder das Haus übernommen? Vielleicht wohnen Fremde darin? Den letzten Gedanken verwerfe ich wieder, dann wäre bestimmt etwas am Haus verändert worden. Ich fasse mir ein Herz und gehe langsam die Treppenstufen zur Eingangstür hinauf. Tatsächlich, „Reiners" steht auf dem Klingelschild. Vor Aufregung fängt mein Herz an zu rasen. Bleib ganz ruhig, tief ein- und ausatmen, versuche ich meine angespannten Nerven zu beruhigen. Zögernd drücke ich auf den Klingelkopf. Sekunden werden zu endlosen Minuten, nichts regt sich. Gerade als ich ein zweites Mal klingeln will, höre ich ein Geräusch von innen. Eine kleine Luke, die sich im oberen Teil der Tür befindet, öffnet sich. Ein bekanntes Gesicht, das nur älter geworden ist, lächelt mir mit freundlich braunen Augen entgegen. „Grüezi", sagt Frau Reiners, ein wenig überrascht, als sie mich sieht. „Einen schönen guten Tag, mein Name ist…", ich stocke, gerade will ich meinen jetzigen Familiennamen sagen, doch dann besinne ich mich: „Meyer, Erika Meyer, ich komme aus Hamburg und war vor vierzig Jahren bei Ihnen als Haustochter beschäftigt." Sendepause. Dann nach einer Weile sagt sie argwöhnisch: „Ich kenne keine Erika, wir hatten mehrere Mädchen aus Hamburg, aber eine Erika, nein, die war nicht dabei." Wieder stockt sie und scheint zu überlegen. Inzwischen rutscht mir das Herz in die Hose. Alles umsonst! Dann sagt sie: „Aber wir hatten hier mal eine Moni aus Hamburg." „Ja genau, die bin ich, Moni ist mein Kosename und Erika mein Geburtsname. Weil Sie auch Erika mit Vornamen heißen, haben sie mich damals bei meinem Kosenamen genannt." Nun schließt sie die kleine Luke und öffnet die Tür sperrangelweit.

„Das ist aber eine Überraschung", sie strahlt übers ganze Gesicht, „nein so was, die Moni, die das Fürst-Pückler-Eis bei uns eingeführt hat und unsere Ragili benutzt immer noch das Wort Abendbrot." Sie war damals drei Jahre alt.

„Aber", wieder stutzt sie, „unsere Moni von damals war eine Brünette und keine Blonde."

„Na ja, seit ein paar Jahren blondiere ich mir die Haare."

„Sie müssen mich entschuldigen, aber leider kann ich Sie nicht hineinbitten, ich habe einen wichtigen Termin, wie lange bleiben Sie in Zürich?" „Bis Montag." „Wunderbar, dann würde ich Sie gern morgen zum Essen einladen."

„Oh ja, gern", erwidere ich freudig überrascht.

„Ich hole Sie vom Bahnhof ab, dann brauchen Sie nicht den ganzen Berg rauf zu laufen." Noch einmal entschuldigt sie sich, weil sie in Zeitdruck ist.

„Aber das macht doch nichts, ich bin ja so glücklich, dass ich Sie überhaupt angetroffen habe. Lebt Ihr Mann auch noch?"

„Ja".

„Grüßen Sie ihn von mir, ich freue mich auf morgen. Auf Wiedersehen!"

„Uf Wiederluege!"

Bei diesen Abschiedsworten wird es mir ganz warm ums Herz. Mit mir und der Welt zufrieden, gehe ich zur Hauptstraße zurück.

Statt rechts hinunter zum Bahnhof biege ich nach links in den Wanderweg, der sich in der Einsamkeit weiter bergan dahin schlängelt. Nach einer Weile bleibe ich fasziniert stehen und traue meinen Augen nicht. Schneebedeckte Gletscher, die man bei normalen Sichtverhältnissen von hier aus nicht sehen kann, weil sie noch weit entfernt liegen, sind zum Greifen nahe gerückt. Das passiert nicht oft. Ausgerechnet am heutigen Tage lässt das bewölkte Wetter mit den besonderen Sichtverhältnissen dieses Naturphänomen zu. Früher kannte ich auch ihre Namen. Tränen vor Glück kullern mir übers Gesicht. Still sende ich ein Dankeschön nach oben. Ich rühre mich nicht vom Fleck. Wie in Trance starre ich die schneebedeckten Riesen an. Wahrscheinlich ist solche Sentimentalität normal, wenn man aus dem platten Norden kommt. Schweren Herzens muss ich mich auf den Heimweg machen, denn es wird schon schummerig. Immer wieder schaue ich im Gehen zurück. Bis dieses märchenhafte Bild aus meinem Blickfeld ganz verschwindet.

Auf der Suche nach weiteren Spuren vergangener Zeiten biege ich auf halber Höhe der Hummrigen Straße rechts in eine Seitenstraße ein. Schon nach kurzer Zeit stehe ich vor der modernen katholischen Kirche, die damals gerade neu erbaut worden war. Unverändert steht neben der Kirche der hübsche Holzbungalow, in dem Walburga auch Deutsche wie ich und aus dem wunderschönen Siegerland, als Haustochter gearbeitet hat. Die Bezeichnung Haustochter fand ich toll gewählt. Denn im Grunde waren wir Hausangestellte mit Familienanschluss. Walburga war zur selben Zeit in Herrliberg wie ich. Nachdem wir uns zufälligerweise kennengelernt hatten, wurden wir Freundinnen fürs Leben.

Plötzlich kommt mir eine weitere Erinnerung an früher in den Sinn. Hans-Ulli Baumeler, ja, der Hans-Ulli. Auch er gehörte zu meinem damaligen neuerworbenen Freundeskreis. Er war Schweizer und wohnte in einem Reihenhaus gleich hinter der alten evangelischen Kirche, die mitten im Dorf stand. Kurze Zeit später stehe ich vor der Kirche. Doch außer ein paar neue Wohnblocks kann ich nichts Bekanntes entdecken. Um ganz sicher zu sein, gehe ich um die Kirche herum. Siehe da, plötzlich stehe ich vor Reihenhäusern, die inzwischen modernisiert wurden und mit ihren kleinen Vorgärten sehr gepflegt aussehen.

Am ersten Eingang der Reihenhäuser beginne ich, die Klingelschilder abzuklappern. Schon beim dritten Hauseingang steht doch tatsächlich Baumeler auf dem Messingschild. Wenn ich bedenke, wie oft ich im Leben umgezogen bin. Voller Erwartung klingele ich. Eine einfache Dame im betagten Alter öffnet die Tür und mustert mich von oben bis unten. Höflich stelle ich mich vor, erzähle ihr meine Geschichte von damals und frage sie nach ihrem Sohn. „Der Hans-Ulli wohnt schon lange nicht mehr hier, sondern auf der anderen Seite des Zürichsees in Hogen", und mit vorwurfsvollen Ton in der Stimme fährt sie fort, „außerdem ist Hans-Ulli verheiratet."

„Wie schön, das bin ich auch und zwar seit achtunddreißig Jahren und daran soll sich auch in Zukunft nichts ändern", bekräftige ich meine Aussage, „aber weil wir früher so eine nette Clique waren, dachte ich mir, da ich schon mal hier bin, frische ich alte Erinnerungen auf und Sie würden mir vielleicht seine Telefonnummer geben." Das Eis ist gebrochen. Bereitwillig gibt sie mir seine Nummer, aber ins Haus gebeten hat sich mich trotzdem nicht. Ich bedanke und verabschiede mich. Ein Lied summend, gehe ich zum Bahnhof.

Obwohl es bereits spät geworden ist, als ich mein Hotelzimmer betrete, versuche ich noch, Hans-Ulli anzurufen.
„Baumeler", antwortet eine dunkle Stimme vom anderen Ende der Leitung. „Moni Meyer, ich war vorhin bei deiner Mutter",
„Ich weiß", unterbricht er mich, „meine Mutter hat mich inzwischen angerufen", und nach einer kleinen Atempause, „aber ehrlich, ich kann mich überhaupt nicht an dich erinnern."
Ich bin platt! Erinnerungen an damals schießen mir durch den Kopf. Gerade der Hans-Ulli, mit dem ich auch in meiner Freizeit viele gemeinsame Wanderungen unternommen habe, nur er und ich. Wir waren beide der Natur sehr verbunden. Und nun kann er sich nicht an mich erinnern?
„Das gibt's doch nicht, platzt es ganz enttäuscht aus mir heraus, „wir waren doch eine richtige Clique, zu der auch Walburga gehörte." Wieder ist nur das Rauschen in der Leitung zu hören. Nach einer Weile räuspert Hans-Ulli sich und antwortet schließlich:
„Walburga? Ja, an die kann ich mich noch erinnern."
Nun bin ich nicht nur platt sondern auch noch sprachlos! Denn ich kann mich meinerseits nicht daran erinnern, dass die beiden außer in der Clique, auch allein unterwegs gewesen waren, so wie Hans-Ulli und ich. Jedenfalls solange ich noch in Herrliberg war. Aber mir fällt ein, dass Walburga ja zwei Monate länger in Herrliberg war als ich. War sie vielleicht in der Zeit auch mit Hans-Ulli allein unterwegs gewesen? War sie freizügiger als ich? Den letzten Gedanken verwerfe ich sofort wieder, nicht Walburga, dafür war sie zu konservativ. Ich sage aber nichts. Als ich mich einigermaßen wieder gefangen habe, unterhalten wir uns noch eine Weile über dies und das. Anscheinend ist er neugierig geworden, denn er fragt mich, ob ich nicht Lust hätte, morgen zum Kaffee zu ihnen nach Hause zu kom-

men, dann könnte er mich ja auch noch ein wenig mit dem Auto durch die Berglandschaft kutschieren. Aha, die Natur liebt er also immer noch.

„Danke, sehr gern! Denn um zwölf Uhr bin ich in Herrliberg bei der Familie Reiners zum Mittagessen eingeladen. Aber wie komme ich danach auf die andere Seite des Sees?" „Kein Problem, alle zwanzig Minuten verkehrt eine Fähre zwischen Herrliberg und Hogen, passt es Dir, wenn ich Dich um 4 Uhr von der Fährstation abhole?" Natürlich passt es mir. Immerhin, wir werden uns wiedersehen. Gespannt auf den nächsten Tag, schlafe ich ein.

Bevor ich den Zug nach Herrliberg nehme, schlendere ich durch die Altstadt von Zürich. Idealer kann mein Hotel nicht liegen. Mitten in der Altstadt, direkt am Limmatquai. Zwei Minuten zum Einkaufsparadies Bahnhofstraße, fünf Minuten zum Zürichsee, mit seinen zahlreichen Kaffees und Restaurants. Nur, dafür habe ich ja kein Geld. Weder für einen Restaurantbesuch noch zum Einkaufen gehen. Schade!

„Grüezi, schön dass Sie gekommen sind", empfängt mich Frau Reiners am Bahnhof. „Grüezi", erwidere ich ihren Schweizer Gruß, „und herzlichen Dank für die Einladung!"
Erstaunlich wie wenig Herr Reiners sich verändert hat. Außer dass er, wie wir alle, älter geworden ist. Freudestrahlend steht er in der offenen Eingangstür, als wir auftauchen. Sehr herzlich begrüßt er mich. Das kenne ich gar nicht von ihm. Ich hatte damals sehr viel Respekt vor ihm, um nicht zu sagen, ein wenig Schiss. Ein konservativer Banker, von stattlicher Figur, der sich mir gegenüber sehr reserviert verhielt. Heute war er redselig, aufgeschlossen und zuvorkommend. Beide geben mir das Gefühl, als sei ich eine gute Bekannte und nicht ihre Angestellte gewesen. Das macht mich verlegen. Liebevoll ist der Tisch eingedeckt. Außerdem hat Frau Reiners ein vortreffliches Menü vorbereitet. Das war schon früher so. Sie war für mich eine perfekte Hausfrau. Jeder hatte seine eigene handgestickte Serviettentasche, in der die Serviette aufbewahrt wurde. Ich habe viel von ihr gelernt. Ob es das Risotto aus Vollkornreis war, oder die selbstgemachte Gourmetmayonnaise, die Schinkenpasteten im Blätterteig oder das Fleisch- und Käsefondue,

um nur einiges zu nennen. Wer kannte in Hamburg in den fünfziger Jahren Milchkaffee, den tranken wir damals schon aus großen französischen Frühstückstassen. Die Krönung war ihre selbstgebackene Kastanientorte, nie wieder habe ich eine so leckere gegessen. Nicht mal die im Café Angelina in der Rue de Rivoli in Paris konnte mithalten.

Meinerseits war ich stolz, dass ich Frau Reiners die Zubereitung des echten „Fürst-Pückler-Eises" zeigen konnte. Denn das Geheimrezept kannte ich aus meiner Lehrzeit im Eis & Cafe. Nur natürliche Zutaten wurden verwendet. Steif geschlagene Sahne, die in drei Teilen aufgeteilt wurde. Im ersten Drittel wurde dick eingekochtes Kakaopulver untergerührt, im zweiten Teil echte Vanille, Zucker und Eigelb und im letzten Drittel kamen im Sommer frisch gezukkerte Erdbeeren und im Winter eingemachte Schattenmorellen hinein.

Nach dem vorzüglichen Essen erschien die Ragili auf der Bildfläche. Sie konnte sich erstaunlich gut an mich erinnern. Ihre Mutter muss viel über mich erzählt haben, denn sie war ja damals erst drei Jahre alt. Bei einer Tasse Kaffee schwelgten wir nicht nur in Erinnerungen, sondern auch aus meinem Leben musste ich berichten.

„Wissen Sie eigentlich noch, warum ich früher als geplant nach Deutschland zurück musste?"
„Wieso musste?" Überrascht und fragend zugleich schauen mich alle drei an. Mit einem Schmunzeln im Gesicht beginne ich:
„Zwei Monate bevor meine Zeit bei Ihnen um war, kam ich spät abends nach Hause. Wäre nicht weiter aufgefallen, denn alles im Haus schlief bereits. Doch mein Pech war, dass ich meinen Haustürschlüssel vergessen hatte und das war nicht das erste Mal", ich schaue Herrn Reiners an, der mir gegenüber sitzt, „gleich am nächsten Morgen sagten Sie, Herr Reiners, dass sie mein Verhalten aus verantwortungsvollen Gründen, nicht mehr weiter dulden können, denn ich war ja noch nicht volljährig, mich gewarnt hätten und ich nun meine Koffer packen müsse." Gespannt warte ich auf die Reaktion meiner früheren Herrschaft. „Aus diesem Grunde habe ich mich auch all die Jahre nicht mehr bei Ihnen gemeldet", füge ich noch schnell hinzu. Betretenes Schweigen macht sich breit.

Mit einem schallenden Gelächter unterbricht Ragili die Stille. Vorwurfsvolle Blicke treffen ihre Eltern, dann sagt sie schließlich: „Das kann doch nicht wahr sein! Wart ihr so altmodisch?"

„Also, wir können uns an den Vorfall wirklich nicht erinnern. Wir haben Sie nur in bester Erinnerung", fügt Frau Reiners betont freundlich hinzu. Und dass klingt ehrlich.

Beim Abschied, der sehr herzlich ist, drückt mir Frau Reiners ihre Visitenkarte in die Hand mit der Bitte, ihr unbedingt einmal zu schreiben. Denn die Straße heißt nicht mehr 'Im Humrigen' sondern 'Rietliweg'. Wie selbstverständlich bringt mich Herr Reiners mit dem Auto zur Fähre. Überaus freundlich verabschiedet er sich von mir und winkt mir noch lange hinterher, bis sich die Fähre allmählich entfernt. Wie schön, dass ich da war.

Von einem Mann bin ich verabschiedet worden und von einem anderen empfangen. Denn am gegenüber liegenden Ufer des Zürichsees steht einsam ein in die Jahre gekommener Mann am Fähranleger. Auf Grund seiner Statur, seiner markanten Nase und seinem krausem Haar, habe ich ihn sofort wieder erkannt. Herzlich begrüßen wir uns. Er freut sich, das sieht man. Seine höfliche, aber etwas verschlossene Frau empfängt uns. Obwohl ich versuche, sie in unser Gespräch mit einzubinden, beteiligt sie sich kaum an unserer Unterhaltung. Gleich nach dem Kaffeetrinken bietet Hans-Ulli an: „Wenn du Lust hast, können wir jetzt in die Berge fahren." Das lass ich mir nicht zweimal sagen.

So fahren wir einige Stunden durch die traumhafte Berglandschaft und obwohl Hans-Ulli sich noch immer nicht an mich erinnern kann, haben wir uns doch pausenlos über gestern und heute unterhalten, als seien wir alte Freunde. Waren wir ja auch. Früher war Hans-Ulli ein sehr fröhlicher Mensch gewesen, er spielte Gitarre und schrieb Gedichte. Jetzt ist er sehr ernst. Schließlich erzählt er mir, dass seine Tochter mit ihrem Mann und deren beiden Kindern einer sehr strengen Sekte beigetreten ist und sie deshalb nur noch ganz, ganz selten Kontakt mit den Eltern wünsche. Und das auch nur in der Hoffnung, ihre Eltern mögen über kurz oder lang auch der Sekte beitreten. Was für ein Schicksalsschlag für ihn und seine Frau. Anschließend bringt Hans-Ulli mich zum Bahnhof und ich fahre auf

der anderen Seite des Zürichsees nach Zürich zurück.
Ein unvergesslicher Tag!

Am folgenden Morgen fällt mir wieder meine missliche finanzielle
Lage ein. Kurzerhand breche ich gleich nach dem Frühstück meine
Zelte im Hotel ab. An der Rezeption bezahle ich für die zwei Über-
nachtungen, nehme mein Gepäck und bewege mich in Richtung
Bahnhof. Dort schließe ich es in ein Schließfach. Eine neue Idee
beflügelt mich.

„Wie teuer ist eine Tagesrückfahrkarte nach Arosa und wann fährt
der nächste Zug?", frage ich den Schalterbeamte. Er schaut auf die
Uhr: „In einer halben Stunde und kostet umgerechnet 80 Mark",
antwortet er. Und ehe ich mich versehe, sitze ich im Zug nach Arosa
und überlege, wie es mit den restlichen Moneten weitergehen soll:
Wenn ich sparsam damit umgehe, was ich eh schon die ganze Zeit
mache, kann ich mir noch was zum Essen und Trinken kaufen. Aus
der Hand versteht sich. Mit der letzten Übernachtung werde ich mir
später was einfallen lassen. Jetzt genieße ich erstmal den Tag.
Glasklare Seen, lauschige Dörfer, hohe Berge und romantische
Städte ziehen an mir vorüber. Ein märchenhaftes Landschaftsbild
folgt dem nächsten. Bevor ich in Chur umsteige, hole ich mir eine
heiße Bratwurst und Getränke aus dem Supermarkt. Gestärkt
steige ich in die Arosa Bergbahn. Langsam schraubt sich die Bahn
ihren Weg nach oben. Hier liegt noch Schnee. Bei jeder Biegung
erscheint ein neuer atemberaubender Ausblick.

Reges Treiben herrscht am Bahnhof. Skiläufer steigen mit ihren
Skiern in die wartenden Busse, die in alle Himmelrichtungen fahren. In einem der Busse geselle ich mich zu ihnen. Skishuttle steht
dran. Niemand bezahlt und ich auch nicht, was meinen Geldbeutel
freut. An der Endhaltestelle steige ich mit den anderen Skiläufern
aus. Eine weiße Märchenlandschaft empfängt mich. Die Skifahrer
machen sich auf den Weg zu ihren Liften und ich schaue mich erst
einmal in aller Ruhe um. Da entdecke ich einen gespurten Wanderweg, der links und rechts von einer hohen Schneemauer gesäumt ist.
Seitdem ich damals hier gewesen war, habe ich von Arosa geträumt,
und nun darf ich es noch einmal erleben. Wieder denke ich an
Walburga, die auch damals mit mir in Arosa war. Ich vermisse sie.

Langsam schlendere ich in der wärmenden Aprilsonne bei strahlend blauem Himmel den Wanderweg entlang und hänge meinen Gedanken nach. Je weiter ich mich von der Ortschaft entferne, desto kleiner wirken die Blockhäuser und sie sehen mit ihren dicken weißen Hauben auf den Dächern wie eine Puppenlandschaft aus. Ringsum an den Schneehängen laufen die Skifahrer ihre Bahn ins Tal. Tief atme ich die saubere Bergluft ein und finde das Leben mal wieder richtig schön.

Ganz allein auf weiter Flur treffe ich an einer Wegkreuzung ein älteres Ehepaar. Wie soll es auch anderes sein, schnell komme ich mit ihnen ins Gespräch und es dauerte nicht lange, da nehmen sie mich in ihre Mitte. Gemeinsam wandern wir durch die frühlingshafte Winterlandschaft zurück in den Ort. Herr Harms ist Zahnarzt im Ruhestand und kommt aus Wuppertal. Nachdem er mir erzählt, dass sie hier in Arosa ein Apartment besitzen, frage ich ihn:
„Laufen Sie auch Ski?"
„Nein, früher, als ich noch meine eigene Praxis hatte, konnte ich es mir nicht leisten. Stellen Sie sich vor, ich hätte einen Skiunfall gehabt, wer hätte meine Praxis weiter geführt? Als ich dann in Rente ging, wollte ich es nicht mehr lernen. Auch beim Wandern genießen wir diese traumhafte Berglandschaft!"

Zurück in Arosa, laden sie mich in ihr Zuhause ein. Zum Aufwärmen, wie Frau Harms es formuliert. Zwei mollig warme Stunden bei Kaffee und Kuchen erwarten mich. Hier in der gemütlichen Wohnstube, mitten in der winterlichen Landschaft von Arosa, erzähle ich von meinen vielen Reisen in ferne Länder. Denn außer Arosa haben die beiden nicht viel von der Welt gesehen. Bevor ich mich auf dem Heimweg mache, kommt Frau Harms mit einem großen Paket geschmierter Brote aus der Küche. „Da", sagt sie, „Proviant für Ihre Zugfahrt, denn bis Sie in Zürich sind, wird es noch eine Weile dauern." Beide bringen mich zum Bahnhof. Und wieder winken mir liebe Menschen, die ich noch vor Stunden gar nicht kannte, zum Abschied hinterher.
Spät läuft der Zug in Zürich ein. Schnell hole ich mein Gepäck aus dem Schließfach und ergattere gerade noch den letzten Zug zum Flughafen.

Die Abfertigungsschalter am Flughafen sind bereits geschlossen. Auch sonst sind in der Flughafenhalle kaum noch Menschen zu sehen. Schnurstracks steuere ich auf eine Sitzreihe zu. Auf der vorderen Reihe hat es sich ein junger Mann gemütlich gemacht. „Auch keine andere Bleibe?", spreche ich ihn an. „Nein", sagt er, „Aber es ist hier doch auch nicht übel." Während ich mich auf der hinteren Stuhlreihe häuslich niederlasse, kommt ein Wachmann und verschließt die Außentüren. „Mensch, habe ich ein Glück, Minuten später und ich müsste draußen kampieren", bemerke ich erleichtert. Erwartungsvoll hole ich mein großes Überraschungspaket hervor. Automatisch landen die Augen des jungen Mannes auf meine leckeren Brotschnitten. „Hast du auch was zu Essen dabei?"

„Nein, aber eine ganze Menge zum Trinken", er hält eine Flasche Cola und eine Flasche Mineralwasser in die Höhe. „Auch nicht schlecht", bemerke ich. So teilen wir uns die Getränke und die leckeren Wurst- und Käsebrote. Dann mache ich es mir so gut es geht auf der gepolsterten hinteren Stuhlreihe bequem. Das einzige, was mich stört, ist die grelle Deckenbeleuchtung. „Leg dir doch deinen Schal aufs Gesicht", rät Jens mir. „Danke und gute Nacht." Ein wenig unruhig schlafe ich schließlich ein. Morgens, als die ersten Menschen auftauchen, gehen Jens und ich abwechselnd in den Waschraum, um uns frisch zu machen. Der andere passt derweil aufs Gepäck auf. Bevor ich an Bord gehe, mache ich noch einmal Kassensturz. Siehe da, ich kann mir noch eine 400 Gramm Toblerone mit nach Hause nehmen. Frühstück gibt's ja im Flieger. Das nenne ich haushalten!

Zuhause angekommen, greif ich sofort zum Telefonhörer und überrasche Walburga mit den Worten: „Stell dir vor Walburga, ich war gerade auf Spurensuche und weißt du auch wo?" Weiß sie natürlich nicht. Die Überraschung ist mir geglückt. Haargenau muss ich ihr meine Erlebnisse der letzten drei Tage erzählen.
Wie ich richtig vermutet habe, war auch Walburga seit ihrer Zeit als Haustochter bei ihrer Schweizer Familie nie wieder in Herrliberg am Zürichsee gewesen.

Bahngeflüster

Mittagstisch

Während ich gelangweilt in einer Zeitschrift blättere, die ein Fahrgast auf dem Sitz neben mir liegen ließ, unterbricht eine laute Frauenstimme die Stille der schwach besetzten S-Bahn.

„Ich fahre vormittags früh genug los, damit ich rechtzeitig zum Mittagessen in der Postkantine eintreffe. Sie müssen wissen, es ist dort immer ziemlich voll und hoch interessant. Meistens geselle ich mich zu den anderen Rentnern, die auch dort essen gehen. So erfahre ich viel über Krankheiten und werde stets auf dem Laufendem gehalten."

Aha, denke ich, klingt nach Altersheim. Sehen kann ich sie nicht, denn sie sitzt hinter mir. Die unbekannte Stimme zählt auf:

„Rheuma, Nierenkrankheiten, Prostata, die habe ich zwar nicht, aber ich lerne gern dazu. Man muss sich wundern, was die Leute so alles für Wehwehchen haben." Sie redet und redet. „Wissen Sie, das Essen in der Postkantine ist sehr gut. Außerdem lasse ich mir immer eine extra Portion geben. Gestern zum Beispiel fiel es mir schwer, zwischen der Scholle und dem Blumenkohl zu entscheiden. Letztendlich entschied ich mich für die Scholle. Erst am Tisch bemerkte ich, dass die Scholle ein bisschen mickerig war. Kurz entschlossen ging ich zurück und fragte den Chefkoch, der auch die Essensausgabe macht, ob er mir nicht als Ausgleich wegen der kleinen Scholle, etwas von dem Blumenkohl geben könne. Und wissen Sie, was der Koch geantwortet hat?" Das möchte ich auch gern wissen und spitze die Ohren.

„Du sollst dich hier nicht satt essen, sondern wir wollen dich nur am Leben erhalten!"

Hinter mir schallendes Gelächter, vor mir schmunzelnde Leute.

„Der ist immer so lustig", sprudelt es weiter aus ihr heraus, „trotzdem bekomme ich immer was und so viel ich will. Also wissen Sie, mit drei so kleinen Kartöffelchen, ne, damit gebe ich mich nicht zufrieden. Schließlich bin ich seit Jahren Stammgast dort. Mein Gewicht ist mir egal, manchmal muss ich mir meinen Rock mit dem Gummizug anziehen, aber hungern? Ne, das tue ich nicht!"

„Und, was machen Sie am Wochenende", unterbricht eine

Männerstimme ihren Redeschwall. Ich dachte schon, sie unterhält sich mit sich allein.

„Freitags gibt's anstatt Nachtisch selbst gebackenen Kuchen und eine Tasse Kaffee. Den Kuchen nehme ich mir mit nach Hause. Kochen tue ich mir am Wochenende nur Kleinigkeiten. Mal mache ich mir eine Dose Heringe in Kräutersoße auf und mal koche ich mir Milchreis. Großartig kochen, nein, das hab ich noch nie gemacht."

„Nächste Haltestelle: Ohlsdorf", erklingt die Stimme aus dem Lautsprecher. Hier muss ich umsteigen. Ich stehe auf und bin sehr neugierig. Endlich kann ich dezent nach hinten schauen. Auf die „Dicke" bin ich gespannt!

Zwei Frauen sitzen nebeneinander, ihnen gegenüber sitzt ein Mann. Alle drei sind im Rentenalter und gertenschlank!

Die Bratkartoffel – Lady von Teneriffa

Nach dem gestrigen Regen leuchtet das Grün der vorbei gleitenden Bäume in der strahlenden Sonne besonders intensiv. Ich sitze mal wieder in der U-Bahn auf einem Fensterplatz und hänge meinen Gedanken nach.

Mit lautem Hallodri stürmt eine Gruppe junger Mädchen in Begleitung einer etwa dreißig-jährigen jungen Frau ins Abteil. Scheint die Lehrerin zu sein. Mit der Ruhe ist es vorbei, ich werde hellwach. Sie setzen sich auf den Sitzplätzen vor mir. Ein Mädchen erzählt, dass sie ein Praktikum bei einem Friseur machen will. Daraufhin fragt die Lehrerin sie:

„Ist Friseur dein Traumberuf?"

„Nächste Haltestelle, Hallerstrasse!", schallt es aus dem Lautsprecher. Schade, ich bekomme die Antwort des Mädchens nicht mit. Dann fragt die Lehrerin ein anderes Mädchen, ob sie schon eine Praktikumsstelle habe.

„Nein", sagt sie, „mein Traumberuf ist Grafikerin & Designerin und dafür bekomme ich keine Praktikumsstelle!" Nun mischt sich eine ältere Dame ins Gespräch ein:

„Habt Ihr schon mal ans Ausland gedacht? Also ich hatte mit neunundvierzig Jahren meinen Job als Sekretärin verloren. Da bin ich einfach nach Teneriffa geflogen um dort mein Glück zu versuchen." Aha, denke ich, jetzt will sie ihre Lebensgeschichte los werden. Unbeirrt fährt sie fort:

„An einem Wanderweg entdeckte ich eine Gaststätte. Ich ging hinein und machte dem Gastwirt folgendem Vorschlag:
Ich brate für ihre Gäste Bratkartoffeln, lege zwei Spiegeleier obendrauf und eine Gewürzgurke als Beilage daneben und ich schwöre Ihnen, wir können damit viel Geld verdienen!"
Totenstille, kein einziger Laut ist zu hören. Ich glaube die Gruppe denkt ähnlich wie ich: Bratkartoffeln braten als Traumberuf?
Die Lehrerin unterbricht als erste das Schweigen und fragt die Frau:
„Wie viele Jahre haben Sie denn Bratkartoffeln auf Teneriffa gebraten?"
„Zehn Jahre", antwortet sie, nicht ohne Stolz. Wieder Totenstille.
Alle scheinen mit demselben Gedanken beschäftigt zu sein: Teneriffa und Bratkartoffelbraten? Da denkt man doch eher an Sonne, Strand und Meer! Die Lehrerin scheint die Gedanken ihrer Schülerinnen erraten zu haben.
„Na, ja, die Dame meint ja nicht, dass ihr auch nach Teneriffa gehen sollt, um dort Bratkartoffeln zu braten, das ist doch nur ein Beispiel. Es gibt viele Möglichkeiten, ins Ausland zu gehen. Als Au- pair Mädchen im Schüleraustausch oder aber, wenn ihr später bereits einen Beruf erlernt habt, könnt ihr bei unseren Europäischen Nachbarn vielleicht einen Job bekommen." Nun zeigen sich die Schülerinnen interessiert und die Diskussion ist im vollen Gange.
Der Lautsprecher annonciert:
„Lattenkamp, Ausstieg links!"
„Ach, du liebe Zeit!", die Lehrerin springt auf, „wir haben vor lauter Diskussion unsere Haltestelle verpasst, nun müssen wir aussteigen und wieder zurück fahren!"

Verpasster Ausstieg
Nun ist es mir auch passiert!
Müde vom Theaterbesuch sitze ich spät abends gleich vorn im ersten Abteil der U-Bahn in Richtung Norderstedt. Wieder einmal werde ich Zaungast eines unterhaltsamen Gespräches. Ein Pärchen, sitzt in Fahrtrichtung vor mir. Aufgeregt erzählt die junge Dame, was sie nun so alles von ihrem 50 € Taschengeld im Monat bezahlen muss. Ihr Gesprächspartner versucht ihr klar zu machen, wenn sie vernünftig mit dem Geld umgehe, müsse sie damit auskommen. Entrüstet verteidigt sie sich:

„Weißt du eigentlich, was man als Frau so alles braucht? Die vielen Kosmetika, mal einen neuen Gürtel, eine hübsche Kette, der Friseur und, und, und."

„Na ja, du brauchst dich doch nicht so doll zu schminken, Lippenstift reicht doch auch", versucht er sie zu überzeugen.

„Hast du `ne Ahnung, für wen machen wir uns denn hübsch?"

So geht es hin und her. Er will ihr klar machen, dass sie ihm auch ohne den ganzen Schnickschnack gefällt. Und sie versucht ihm zu erklären, dass sie auf nichts der schönen Dinge verzichten kann. Die U-Bahn hält. Nachdenklich schaue ich den beiden beim Aussteigen hinterher. Plötzlich fällt mir ein – Mensch, ich muss ja auch aussteigen! Schnell springe ich auf und stürze zur Tür. Zu spät, die Türen knallen mir vor der Nase zu. Mutterseelenallein darf ich nun zwanzig Minuten lang auf dem einsamen Bahnsteig, der Haltestelle Sengelmannstraße, auf meine Rückfahrt warten. Und das mitten in der Nacht.

Komplimente

Heute sitzt mir in der U-Bahn mein Mann gegenüber. Während einer Schweigeminute schaue ich aus dem Fenster und höre wie jemand sagt:

„Wissen Sie eigentlich, dass Sie eine super tolle Haut haben?"

Hm, mit wem spricht der denn? Es sitzt doch nur noch einer in unserer Nähe. Lieber nicht hingucken. Ich tue so, als habe ich nichts gehört und schaue weiter aus dem Fenster. Doch er redet munter weiter.

„Es stimmt wirklich, sie haben eine tolle Haut. Also älter als siebenundvierzig Jahre sehen sie auf keinen Fall aus." Ich werde neugierig und bewege meinen Kopf ein wenig nach links. Neben meinem Mann sitzt ein etwa fünfzigjähriger, gepflegter und gut aussehender Mann. Er lächelt mich an.

Mit gedämpfter Stimme sage ich:„Danke!"

Doch er meint, er muss noch mehr Komplimente loswerden:

„Kaum Falten."

Finde ich doch, sage aber nichts.

„Keine Nasolabialfalte, wie viele andere sie in ihrem Alter haben."

Woher will er mein Alter wissen? Er hört nicht auf zu reden:

„Ihre Haut über der Oberlippe ist noch völlig glatt, sie küssen bestimmt viel in ihrem Leben."

Ich spüre, wie mir die Röte ins Gesicht steigt. Das mit dem Küssen stimmt. Für früher jedenfalls. Aber trotzdem: unverschämt - merkt er den gar nichts mehr?

Mein Mann wird hellhörig. Trotzdem scheint er das mit dem Küssen nicht verstanden zu haben. Krampfhaft überlegt er, wie er sich verhalten soll. Mit einem gequältem Lachen versucht er die Situation zu überspielen. Dreht dem Fremden sein Gesicht zu, legt sich seinen Zeigefinger auf die Lippen und macht: „Pssst!" Mehr scheint ihm im Moment nicht einzufallen.

Jedoch unbeirrt und mit einem Schmunzeln im Gesicht hat der Fremde doch tatsächlich noch weitere Komplimente im Gepäck: „Also ihre Augen, die sind ja genauso stechend blau wie der Himmel." Das geht runter wie Öl.

Mein Mann will jetzt die Besitzverhältnisse klären:

„He, was reden Sie da mit meiner Frau?"

Der tippt meinem Mann auf die Schulter:

„Ich meine es doch nur gut!"

„Nehmen Sie ja Ihre Pfoten von mir weg, wagen Sie es nicht noch mal, mich anzufassen!", seine Stimme hat nun einen drohenden Klang angenommen.

„Wieso werden Sie aggressiv? Ich fasse Sie doch mit Liebe an", gibt der Fremde enttäuscht zurück. „Und nicht mit Gewalt, was würden Sie dann sagen?" Nun bekommt auch seine Stimme einen schärferen Ton. Abwechselnd schaue ich von einem zum anderen. Mein Mann setzt sich kerzengerade hin. Was so viel bedeutet wie, ich schrecke im Zweifelsfall vor nichts zurück. Mir wird ganz mulmig zumute. Das erlösende Wort kommt vom Lautsprecher: „Alsterdorf, Ausstieg links."

„Aussteigen!", wiederholt mein Mann mit einem scharfen Unterton. Ich bin erleichtert. Wir stehen gemeinsam auf und gehen zur Tür.

„Wieso willst du mit mir aussteigen, du wolltest doch weiter in die Stadt fahren?", erinnere ich meinen Mann.

„Ja meinst du, ich bleibe neben so einem bescheuerten Typen sitzen?" Bevor ich die U-Bahn verlasse, muss ich meinem Komplementär doch noch einmal zulächeln.

„Glauben Sie nichts anderes, es stimmt was ich Ihnen gesagt habe", ruft er mir hinter her. Mein Mann verabschiedet sich auf dem

Bahnsteig von mir und steigt einen Wagen weiter wieder ein.
Zuhause angekommen, schaue ich sofort in den Spiegel und begutachtete mein Konterfei. Das mit dem Alter stimmt nicht, ich bin Ende fünfzig. Aber das mit der glatten Haut über der Oberlippe, da hat der Fremde recht! Was sagt uns das? Also Leute:
"Immer schön am Ball bleiben, das mit dem Küssen - meine ich!"

Der lustige Willi

In einer Tageszeitung vertieft, sitzt ein älterer Herr mir gegenüber in der U-Bahn. Plötzlich lässt er die Zeitung sinken, sieht mich schmunzelt an und beginnt laut zu erzählen:
„Im Zug sitzt ein älterer Herr einer jungen Dame gegenüber und fragt sie, welches Parfüm er ihr kaufen soll, um sie küssen zu dürfen? Chloroform, antwortet die Dame kurz und knapp!"
Klar, konnte ich mir ein Lachen nicht verkneifen.
„Steht hier in der Zeitung", fügt er hinzu. Ich kam dann mit ihm ins Gespräch und erfuhr, dass er Willi heißt.

Ein gewiefter Schwarzfahrer

„Schön guten Tag", grüßt ein Mann mittleren Alters, als er Kellinghusen-Straße in die U-Bahn steigt.
Vor ihm steht eine Gruppe junger Männer. Es ist um die Mittagszeit, sie scheinen aus der Schule gekommen zu sein. Sobald die U-Bahn wieder anfährt sagt er:
„Weil ihr so nette junge Leute seid, möchte ich euch mal um etwas bitten", und ohne eine Pause zu machen folgte er seinem Anliegen, „ich bin obdachlos und ohne Arbeit."
Aha, denke ich, jetzt kommt das Übliche, Bitten um etwas Kleingeld für eine warme Mahlzeit. Doch weit gefehlt, diesmal kam etwas völlig Neues. Für mich jedenfalls.
„Ich habe kein Geld für eine Fahrkarte und falls Kontrolleure kommen könnt ihr sie dann bitte ablenken? Ich meine, in ein Gespräch verwickeln, bis ich dann an der nächsten Haltestelle aussteigen kann?" Die jungen Männer schmunzeln, ich natürlich auch.
„Klar, Kumpel", sagte einer und nickte mit dem Kopf. Mit einem der jungen Männer habe ich Blickkontakt. Wir lächeln uns an.
„Ist ja mal was völlig Neues", entwich es mir. Da muss ich auch schon aussteigen.

Wettlauf mit der U-Bahn

Heute schmunzle ich darüber, aber lange ist es nicht her, als auch ich der Sprinter vom Bahnsteig war.

Traf ich gleichzeitig mit der U-Bahn am Bahnsteig ein, recherchierte ich, noch bevor ich einstieg, wo sich der Ausgang meines Zielbahnhofes befand. Stand ich hinten am letzten Wagen und der Ausgang war vorn, nahm ich meine Beine in die Hand und lief so schnell ich konnte. Als ginge es um mein Leben. Sprang, noch bevor sich die Türen endgültig vor meiner Nase schlossen, mit Herzrasen und nach Luft schnappend ins Abteil - um mich dann auf einen Sitz fallen zu lassen. Falls denn einer frei war. Es ist mir auch schon passiert, dass ich bei der Ansage „Einsteigen bitte", trotzdem weiter lief um nicht doch noch einen Wagen weiter zu erhaschen. Zu spät, die Bahn fuhr ohne mich ab. Richtig zum Sprinter hatte ich mich dabei entwickelt!

Und heute? Ne, heute habe ich dazu keine Lust mehr. Aber mein Mann gehört nach wie vor zu den Bahnsteigflitzern. Noch ein Abteil weiter und noch ein, immer die Angst im Nacken, dass die Tür vor seiner Nase plötzlich zuknallt. Wenn wir gemeinsam unterwegs sind, gibt es neuerdings Schwierigkeiten. Denn auch mit ihm will ich nicht mehr laufen. Deshalb fahren wir auch schon mal getrennt ans Ziel, weil ich heute dort einsteige, wo der Wagen gerade hält und er es gar nicht bemerkt und einfach weiter läuft.

Wenn ich heute entspannt am Bahnsteig stehe, beobachte ich lieber die anderen, wie sie laufen, hetzen oder sprinten. Letztens habe ich eine Dame im sehr betagten Alter gesehen, wie sie mit Krückstock über den Bahnsteig humpelnd versuchte, zu flitzen. Das sah nicht nur komisch, sondern auch bedenklich aus.
Bei mir hat es noch einen anderen Grund, warum ich nicht mehr über den Bahnsteig renne. Weil ich mit meiner Berechnung meistens daneben lag. Bin ich nach vorn gelaufen, war der Ausgang hinten, bin nach hinten getürmt, war es umgekehrt. Dann musste ich am Zielbahnhof die gleiche Strecke noch einmal ablaufen. Nein, so dumm bin ich jetzt nicht mehr. Bleibt nur zu hoffen, dass die alte Dame nicht auch umsonst gelaufen ist...

Ein Gentleman, der klaut...!

Neulich stand ich am Eppendorfer Baum und wartete auf meine Freundin. Ein Paar, so um die vierzig Jahre alt, stand an der Bushaltestelle, nicht weit von mir entfernt. Sie, wahrscheinlich seine Partnerin, muss ihm gerade etwas Seltsames gebeichtet haben. Auf einmal hob er bedrohlich seinen rechten Zeigefinger, nahm eine gebückte Haltung an, denn sie war einen Kopf kleiner als er, und schimpfte so laut auf sie ein, als stünden beide allein auf weiter Flur:

„Ich klau und klau und klau und was machst du? Du verschenkst einfach alles!"

Das Witzige war, es schien sie gar nicht zu berühren, sie blieb völlig gelassen vor ihm stehen und zuckte nur mit den Schultern. Zu gern hätte ich mehr gewusst.

Was hat er geklaut? Wieso hat er geklaut? Warum hat sie alles verschenkt?

Gerade dieser große, sehr gut aussehende Mann, perfekt gekleidet, wie ein Gentleman eben. Hatte der es nötig? Und wenn, warum verschenkte sie es?

In der Hoffnung, doch noch mehr von dieser heißen Story zu erfahren, pirschte ich mich näher an die beiden heran. Doch leider, der Bus kam und schwuppdiwupp waren beide auf Nimmerwiedersehen verschwunden.

Gentleman mit Hindernissen

„Hallo Moni, entschuldige die Verspätung!"

Ich drehe mich um. Pedi, mit dem ich verabredet bin, kommt aufgeregt mit eiligen Schritten auf mich zu.

„Hallo Pedi, na wie geht's!"

„Könnte besser sein."

„Wieso das denn?"

„Ist nicht mein Tag heute!" Er sieht völlig geknickt aus.

„Was ist denn passiert?", frage ich gespannt.

„Das glaubst du nicht, was mir heute alles passiert ist. Ich bringe meine Ex, die mich für ein paar Tage besucht hat, zum Hauptbahnhof. Und weil ihr Koffer so schwer war, bringe ich ihn ins Abteil. Während ich den Koffer ins Gepäcknetz lege, fährt doch tatsächlich der Zug ab, stell dir das mal vor."

„Ach du liebe Zeit, bist du denn nicht in Harburg wieder ausgestiegen?"

„Hielt er nicht, ausgerechnet dieser Zug hielt erst wieder in Hannover. Da hättest du mal mein bedeppertes Gesicht sehen sollen."

„Das kann ich mir gut vorstellen", sage ich mitfühlend, trotzdem muss ich auch ein wenig schmunzeln.

„Und? Was hat der Schaffner gesagt?"

„Die Ausrede kenn ich schon!", bevor Pedi weiter redet, holt er erstmal tief Luft: „Aber meine Ex und ein anderer Fahrgast waren Zeuge, dass ich nur den Koffer für sie tragen wollte."

„Okay," sagte schließlich der Schaffner, „bis Hannover lasse ich Sie so mitfahren, aber zurück müssen Sie sich eine Fahrkarte kaufen." Wieder hält Pedi eine Verschnaufpause ein, dann fährt er fort: „Eine Stunde musste ich in Hannover auf den nächsten Zug zurück nach Hamburg warten. Höflich, wie ich nun mal bin, habe ich auch noch einen Blinden zu seinem Sitzplatz gebracht!"

„Ja, wunderbar, dann hättest du unter Umständen umsonst wieder zurückfahren können. Brauchtest nur den Blinden zu fragen, ob er einen Schwerbehinderten-Ausweis mit Begleitperson dabei hat."

„Woher soll ich das denn wissen, außerdem hatte ich mir bereits das Ticket gekauft und soll ich dir noch was verraten? Meine Geschichte ist damit noch nicht zu Ende."

„Nein…? Ich bin ganz Ohr!"

„Ich hatte mein Auto auf dem Parkplatz vor dem Hauptbahnhof abgestellt. Schon von weitem sah ich, wie ein Strafzettel an meiner Windschutzscheibe klebt. Denn meine Parkzeit war längst abgelaufen. Aber, es war kein Strafzettel."

„Na, Gott sei Dank!", murmele ich erleichtert.

„Es war ein handgeschriebener Zettel, mit einer Adresse drauf. Jemand hat doch tatsächlich mein Auto angekarrt. Und, dem Himmel sei Dank, hat er wenigstens die Polizei informiert!"

„Ach Pedi, nach so viel Pech und Aufregung lade ich dich jetzt zum Kaffee ein!".

Ein sonderbarer Tipp

Völlig verheult steige ich in die S-Bahn. Wie kleine Rinnsale laufen mir die Tränen runter. Kaum sitze ich und trockne mir mit einem Papiertaschentuch die Augen und das Gesicht, da höre ich jemand fragen: „Haben Sie das auch so schlimm?"

Ich schaue auf, mir gegenüber sitzt eine große sehr schlanke Frau.

„Was?", frage ich sie.

„Na, tränende Augen."

„Ja, heute beißt der Wind richtig, besonders auf dem Bahnsteig. Nie kann ich mir die Augen schminken, wenn ich aus dem Hause gehe", erwidere ich seufzend, während ich die Brille putze.

„Wissen Sie, was ich letztens gemacht habe?"

„Nein?", ich werde ganz Ohr, vielleicht bekomme ich endlich mal einen guten Tipp.

„Ich bin mit einer Taucherbrille durch die Stadt marschiert. Weil ich nicht wollte, dass meine Schminke verschmiert."

Erstaunt schaue ich sie an. Dieses schlanke Gesicht mit einer riesigen Taucherbrille in einer Großstadt mitten im Winter?

„Na, ja", klärt sie mich weiter auf, „ich hab mir auch noch einen großen Zettel vor die Brust gehängt." Es wird immer spannender. Meine Neugierde ist kaum zu bremsen. „Und…?"

„Darauf stand – Ich trage die Taucherbrille wegen meiner tränenden Augen!"

Oh je…! Ich glaube, ich gehe doch noch mal zu meinem Augenarzt. Vielleicht gibt es ja inzwischen Wundertropfen, die meinen Tränenfluss zum Stoppen bringen. Mit einer Taucherbrille rumlaufen? Nein, niemals!

HARLEY DAYS IN HAMBURG

Heute war ich ein Star - Ein Harley-Davidson-Star!
Immerhin für fünf Minuten...

Harleys, wohin man schaut an diesem Wochenende in Hamburg.
Wenn diese chromblitzenden, individuell gestalteten Easy Rider mit
ihren verwegen Typen drauf durch Hamburg cruisen, gerate ich ins
Schwärmen. Dieses Aufheulen der Motoren ist dann Musik in meinen Ohren. Nicht ohne Ohropax, wohlbemerkt! Wenigstens für ein
paar Stunden muss ich dabei sein. Wenn auch nur als Zaungast.
Immerhin 600.000 Besucher sollen sich auf den Harley-Days 2011,
in Hamburg eingefunden haben. Freiwillig! Trotz des ohrenbetäu-
benden Lärms!
Zu gern laufe ich dann über den Kiez, die Reeperbahn. Denn auch
hier sind genügend heiße Öfen unterwegs. Was man da an blinken-
den und protzenden Maschinen zu sehen bekommt, ist schon
bewundernswert.
Fasziniert bleibe ich vor so einem heißen Ofen stehen. Lässig sitzt
sein Besitzer auf einem Gartenstuhl davor. Denn auch ein Biker
kann ja nicht nur durch die Straßen röhren, er braucht ja mal eine
Pause. Während ich seine Maschine bestaune, quatsche ich ihn an
und frage:
„Was meinst du, wenn man alle Motorräder, die heute durch
Hamburg cruisen, am Wert hochrechnet, welche Summe kommt
dabei heraus? Kann man das überhaupt ausrechnen?"
„Du ja, du hast noch Kopfrechnen in der Schule gehabt! Brauchst
nur den Durchschnittwert zu nehmen."
„Okay, fangen wir bei deiner an, wie viel Schotter kostet die?"
Er macht es sich noch bequemer auf dem Stuhl und sagt so neben-
bei: „Achtzigtausend!"
„Was? So viel kann man für eine Maschine ausgeben?"
„Sogar noch mehr."
Jetzt will ich Jan, so heißt er, imponieren und sage:
„Ich war schon mal auf der Route 66. Rein zufällig, aber nur mit
dem Auto."
„Und? Manche sind nur bis Wanne-Eickel gekommen. Wenn du

willst, kannst dich mal drauf setzen", schlägt Jan vor und zeigt kurz mit seinem Daumen nach hinten auf dieses Wahnsinnsteil von Maschine.

„Ich? Auf so ein teures Bike?"

„Warum nicht?"

Ich hab´ eine Idee und sage:

„Für mein neues Buchcover brauch ich ein paar verrückte Fotos! Das wäre ja die Gelegenheit. Leider hab´ ich keine Kamera dabei."

„Frag doch irgendjemanden mit einer Kamera, der kann dir das Bild dann per Mail zuschicken."

Mindestens fünf Hobbyfotografen frage ich, während sie Jans Harley fotografieren. Sie haben kein Internet. Beim sechsten werde ich fündig, er hat beides. Kurz fragt er seine Freundin: „Dominique, soll ich?"

„Klar", sagt sie.

Unbeholfen klettere ich auf Jans Maschine und lasse meine Beine baumeln.

Jan nimmt meinen linken Fuß zuerst und setzt ihn aufs Pedal. Mit ausgestrecktem Bein schaffe ich es gerade, das Pedal zu berühren. Allein dieses Spektakel lässt schon mal einige Fotofreaks neugierig werden. Mein Kameramann, der übrigens Robert heißt, geht in Position und fängt an zu knipsen. Jan springt noch einmal herbei und tauscht meine Sonnenbrille gegen seine Harleybrille aus.

„Perfekt", lässt ein fremder Hobbyfotograf verlauten, der sich auch schon mal zum Fotografieren in Position stellt.

Pausenlos wird jetzt drauflos geknipst. „Mensch lach doch mal", ruft mir einer zu. Der nächste schreit: „Guck mal nach vorn, ja so ist gut, und noch ein bisschen mehr lachen, ja"...So geht es pausenlos. „Guck mal hier und guck mal da!"

Wahrscheinlich freuen sie sich endlich mal, einen heißen Ofen mit einer Bikerbraut drauf fotografieren zu dürfen. Die haben mich auch gar nicht erst gefragt. Und ich hab auch nichts gesagt. Das mit der Bikerbraut ist natürlich übertrieben…!

„Schluss jetzt, Fotosession ist beendet!", winke ich ab und krabbele wieder runter. Der Spuk ist genauso schnell vorbei, wie er gekommen ist.

Die Hochrechnung habe ich inzwischen völlig vergessen! Aber…?

Für ganze fünf Minuten war ich der Harley-Davidson-Star auf dem

Kiez. Auf jeden Fall fühlte ich mich so…!
Und das war doch viel interessanter als Kopfrechnen, oder…?

Epilog:

Ortswechsel. Da geh ich noch nach Planten und Blomen am Dammtor, um auf einem ruhigen Plätzchen die Geschichte zu Kladde zu bringen. Menschenmassen über Menschenmassen übervölkern diesen idyllischen Park. Kein Wunder bei dem Kaiserwetter, da bleibt keiner in seiner Bude hocken. Im Schatten einer großen Buche entdecke ich doch tatsächlich noch eine freie Bank. Nicht lange! Kaum habe ich meinen Bleistift gespitzt, kommt von rechts eine Endvierzigerin vollschlanke und dunkelhaarige Frau, Typ Hausfrau, angelaufen. Mit fuchtelnden Armen und strahlendem Gesicht brüllt sie, als ob ich schwerhörig bin: „Hier frei, ich setzen?"

„Sicher, die Bank ist für alle da", antworte ich und wende mich meinem leeren Blatt zu.

„Pavillon Spanisch Musik. Mir zu laut. Ich tanzen, wenn laute Musik hör, aber nicht bei spanischer. Hier ist schön, ich Ruhe brauchen. Guck mal, das Wasser."

Nix mit schreiben. Sie redet und redet. Gemeinsam schauen wir auf den lauschigen See vor uns.

„Gleich Wasserspiele, sechs Uhr."

„Aha." Sie sieht weder deutsch noch spanisch aus, eher wie eine Türkin. In der Hoffnung, dass sie jetzt mal eine Schweigeminute einlegt, versuche ich ihr klar zu machen, dass ich schreiben will und zeige kurz mit dem Bleistift auf die offene Kladde.

„Du schreiben Liebesbrief?"

„Nein!"

„Freundin?"

„Nein!"

„Was du schreiben?"

„Eine Geschichte, die ich gerade erlebt habe."

„Oh, du auch über mich schreiben?"

„Nein, ist nicht interessant genug!"

„Wieso, gleich anfangen Wasserspiele, ich springen Wasser, alle Leute gucken und du schreiben Geschichte über mich! Ha, ha, ha!"

Ich schaue in ihr lustiges Gesicht mit ihren offenen Zahnlücken und muss auch herzhaft lachen.

Alle Achtung, trotz ihrer Einfachheit, eine selbstbewusste Fau, die kontaktfreudig ist, bei lauter Musik gern tanzt, und bereit ist, für eine kleine Geschichte in den Seerosenteich vor hunderten von Leuten zu springen. Eine Bekannte von ihr erscheint auf der Bildfläche. Freundlich verabschiede ich mich und bin wieder auf der Suche nach einer stillen Ecke. Am Rosenhof finde ich dann den ruhigen Ort im Schatten.

Bei leiser Jazzmusik, die von weitem zu mir rüber klingt, habe ich die richtige Inspiration gefunden, meine Geschichte endlich zu Papier zu bringen.

Übrigens:
Die Bilder vom Harley-Treff 2011 sind wunderschön geworden. Danke Dominique und Robert! Und Danke Jan für Deine Großzügigkeit!

AUSTRALIEN

Ich war da - „Allein!"

Na ja, nicht ganz.
Genau eine Woche hielt meine Tochter Anna es mit mir aus. Dann
war Schluss mit lustig. Obwohl sie es war, die mir ihr ganz persönliches Australien zeigen wollte.

Mit wehenden Fahnen fuhr ich zum Flughafen.
Ausgerechnet für diese Reise nach Australien, meine weiteste Reise
überhaupt, hatte ich nicht den Hauch einer Chance, mich vorzube-
reiten. Den Strich durch die Rechnung machte mein Mann mir. Es
fiel ihm nichts Besseres ein, als vierzehn Tage vorher ins
Krankenhaus zu gehen, um sich am Leistenbruch operieren zu lassen, den er ja gerade erst bemerkt hatte. Ist ja nur ein kleiner
Eingriff, wie anfangs behauptet wurde: minimal-invasiv. Doch während der Operation traten Komplikationen auf und ein richtiger
Bauchschnitt wurde erforderlich.

Anstatt nun in Ruhe meinen Koffer zu packen, pendelte ich zwischen Krankenhaus und Zuhause hin und her. Letztendlich war ich
glücklich, dass es meinem Mann den Umständen entsprechend wieder gut ging, als er entlassen wurde, und er sich bis zu unserer
Abreise sichtlich erholt hatte. „Sollte Ihr Mann wider Erwarten
Probleme bekommen, kann er jederzeit zu mir kommen. Dann ist er
hier im Krankenhaus in den besten Händen. Sie können ganz entspannt ihre Reise antreten", beruhigte mich der Herr Professor.

Wie ein Sturm brach dann die Reise über uns herein. Was sag ich-
Sturm. Sicher, zuerst war es nur ein Sturm, ein roter Sandsturm über
Sydney. Eine halbe Stunde vor der Landung meldete sich der
Flugkapitän zu Wort:
„Guten Morgen, meine Damen und Herren, wegen eines fürchterli-
chen Sandsturmes über Sydney herrscht auf dem Flughafen das
reinste Chaos. Wir müssen leider unseren Kurs ändern und nach
Melbourne fliegen. Sobald ich Näheres erfahre, werde ich mich

wieder bei Ihnen melden. Ich bitte um ihr Verständnis."

Kurz vor der Landung in Melbourne meldete sich der Flugkapitän erneut zu Wort: „In Kürze werden wir in Melbourne landen. Wenn sich der Sturm und das Durcheinander in Sydney gelegt haben, werden wir den Flug wieder aufnehmen und nach Sydney zurück fliegen. Gehen Sie bitte am Flughafen in die Business-Lounge der Halle 6 und lassen Sie sich dort verwöhnen." Froh, dem Sandsturm entkommen zu sein, setzten wir uns in Bewegung in Richtung Business-Lounge. Eine hagere, hoch aufragende Gestalt mit einer viel zu großen Brille empfing uns. Ihr überspitztes freundliches Lächeln wirkte völlig übertrieben, passte aber genau in ihr dürres überschminktes Gesicht. Wir waren ein Gruppe von sechs Leuten, alle aus der Holzklasse. Verzeihung, Touristenklasse.

„Tut mir leid, aber der Zutritt zur Business-Lounge ist Passagieren der Touristenklasse nicht gestattet", sagte sie, als wir ihr unsere Bordkarten zeigten.

„Dies ist aber eine Sonderregelung. Fragen Sie doch den Kapitän unseres Flugzeuges", protestierten wir.

„Tja, tut mir leid, ich habe diesbezüglich keinerlei Auftrag erhalten." Mit ihrem gleichbleibenden süßlichen Lächeln stellte sie sich, wie ein Feldmarschall, demonstrativ vor den Eingang der Business-Lounge. Unschlüssig warteten wir noch eine Weile. Jedoch auch nachfolgende Fluggäste der Touristenklasse hatten keine Chance. Bedeppert trotteten wir in die Halle 6 zurück und warteten auf die Dinge, die da kommen mochten. Nichts kam, rein gar nichts, zumindest nicht in den nächsten Stunden. Irgendwann kam ein Flughafenangestellter und überreichte jedem von uns eine Pfütze Wasser. Und wenn ich Pfütze schreibe, meine ich Pfütze! Ein viertel eingeschweißter Plastikbecher.

„Und, wie ist es mit Essen?", wollte ich wissen.

„Selbstverständlich, es ist an alles gedacht. Gleich bringe ich etwas", antwortete er pflichtbewusst. Anna wollte an die frische Luft, um eine Zigarette zu rauchen und fragte:

"Wo kann ich rauchen?"

„Der gesamte Flughafen ist rauchfrei!"

„Ich will ja auch nicht im Flughafengebäude rauchen."

„Tut mir leid, Sie dürfen diesen Bereich nicht verlassen!"

Ein Fluggast mittleren Alters gesellte sich zu uns und meinte:

„Ich bin Australier und möchte den Flughafen verlassen. Bitte sorgen Sie dafür, dass ich mein Gepäck bekomme. Ich möchte in Melbourne bleiben."

„Tut mir leid, aber das geht aus technischen Gründen nicht." So ging das Gezeter noch eine Weile hin und her.

Gegen zwei Uhr mittags bekamen wir ein Sandwich in die Hand gedrückt – unser heiß ersehntes Mittagessen! Kopfschüttelnd betrachtete ich es von allen Seiten, um dann hungrig wie ich war, reinzubeißen. Es war ungenießbar. Das fanden auch andere Passagiere, denn ein Sandwich nach dem anderen landete im Müllbehälter. Ich ließ nun Wut Wut sein, nahm meine Anna, ging mit ihr in eine Cafeteria und bestellte uns was Vernünftiges zu essen. Danach tranken wir einen Kaffee Latte und kauften uns noch eine große Flasche Mineralwasser. Längst hatten wir mitbekommen, dass bereits wieder Flüge via Sydney aufgenommen worden waren. Nur unsere Fluggesellschaft rührte sich nicht. Es sei kein Ersatzpersonal für den Flug vorhanden, hieß es jetzt.

Klar war der Sandsturm über Sydney höhere Gewalt. Aber muss man dann von einer Fluggesellschaft so schlecht behandelt werden? Schließlich waren wir in Melbourne und nicht in der Wüste gelandet. Von einer Fluggesellschaft, die sich rühmt, das erste Flugzeug des Modells A380 zu besitzen, hätte ich was anderes erwartet. Durch meine ständige Aufregung nahm der Druck in meinen Ohren zu. Ich ging zu dem schmächtigen Entschuldigungs-Typ, er war ja der Einzige, der für uns zuständig war und fragte: „Wo finde ich hier einen Arzt? Ich glaube, mein Blutdruck ist völlig aus der Bahn geraten."

„Wir haben hier keinen Arzt."

„Wa…s, Sie haben hier am Flughafen von Melbourne keinen Arzt?"

„Nein keinen Arzt, aber ich kann die Ambulanz rufen, die messen auch Ihren Blutdruck."

Nicht einer, sondern gleich drei junge Sanitäter kamen angerannt.

„Brad ist mein Name, ich soll Ihnen den Blutdruck messen", sagte einer von ihnen.

„Und wo?"

„Hier!"

„Hier? Vor all den Leuten? Nein!", gab ich störrisch zurück.

„Okay, kommen Sie!" So zog ich mit den Dreien los.

In einem Seitengang fand sich dann schnell ein ruhiges Plätzchen. Der Sanitäter pumpte und pumpte. Immer wieder entwich die Luft aus der Manschette. „Ist Ihr Blutdruckgerät überfordert?", frotzelte ich. Mit sorgenvoller Miene sah er mich an:„Sie müssen jetzt ganz ruhig sein, sonst müssen wir Sie noch ins Krankenhaus bringen."

„Ne, ich muss nur raus hier und zwar an die frische Luft, verstehen Sie?" Nach zehn Minuten erschien der Blutdruck endlich wieder mit 220/110 mm Hg auf seinem Gerät. Er schaute seine beiden Kollegen an und besprach mit ihnen die Lage. Dann wandte er sich wieder mir zu und sagte: „Ich schicke jetzt meine Kollegen Ihre Tochter holen und dann gehen wir durch den Zoll zum Arzt."

Nicht nur meine Tochter brachten die Sanitäter im Schlepptau mit, sondern auch den Australier, der in Melbourne bleiben wollte. Er tat so, als gehöre er zu uns. Ich konnte mir ein Lächeln nicht verkneifen. Am Flughafeneingang gingen Brad und ich durch die Seitentür in eine Arztpraxis und die anderen verschwanden nach draußen.

„Der Arzt ist nicht mehr da!", meinte die Sprechstundenhilfe. Doch nach kurzem hin und her mit Brad war sie bereit, einen Arzt anzufordern. Es vergingen keine zehn Minuten, da traf er ein. Mein Blutdruck war unverändert hoch. Der Arzt nahm meine Gesamtverfassung in Augenschein, dann meine Tabletten, die ich ihm zeigte. „Am besten, Sie nehmen jetzt gleich noch eine von Ihren Betablockern. Die wird Ihren Blutdruck garantiert senken. Ich schreibe Ihnen jetzt eine Flugtauglichkeitsbescheinigung."

„Sind Sie sich da ganz sicher?", wagte ich zu fragen. „Ja, ganz sicher, Sie sind in guter Verfassung. Da mach ich mir keine Sorgen. Glauben Sie mir, es ist alles in Ordnung." Klar glaubte ich ihm. Er verabschiedete sich mit den Worten: „Also dann, ich wünsche Ihnen einen guten Flug! Ich muss los, ich fahre nämlich in den Urlaub. Zehn Minuten später und Sie hätten mich nicht mehr erreicht!"

„Haben Sie eine Kreditkarte dabei?", wandte sich die Sprechstundenhilfe an mich. „Eine Kreditkarte?", wiederholte ich langsam, „wofür das denn?"

„Na, für die Rechnung", antwortete sie. „Bezahlen muss ich auch noch?", fragte ich ganz verwundert und gab ihr meine Kreditkarte.

70 AUD (Australische Dollar), gleich 43 Euro, hat mich die Aufregung und die Zigarettenpause für die beiden gekostet. Anna hatte sich inzwischen auch wieder zu uns gesellt. Jedoch der Australier schien seinen verpassten Zigarettenkonsum noch nicht aufgeholt zu haben. Wohl oder übel musste Anna ihn holen.

Endlich, nach 13 Stunden Aufenthalt auf dem Melbourner Flughafen, fand sich eine Besatzung und es ging wieder in die Lüfte. Von einer warmen Mahlzeit im Flugzeug war die Rede. Auf einer Mini-Serviette reichte die Stewardess ein warmes Mini-Pastetchen. Nicht viel größer als ein früheres Fünfmarkstück. Wieder mal ungläubig betrachte ich diese kleine Pastete und sagte zur Stewardess: „Davon könnte ich direkt noch eine verdrücken." „Gern, wenn wir noch eine übrig haben." Hatten sie nicht. Bis zur Landung ward sie nicht mehr gesehen.
Das war also das Verwöhnprogramm, das uns der Kapitän am Morgen versprochen hatte. Ein paar Pfützen Wasser, ein Gummisandwich und ein Pastetchen.

Den krönenden Abschluss dieses aufregenden Tages erlebten wir am Zoll in Sydney. In Annas Handtasche hatte sich ein kleines, halbverschrumpeltes Obststück verkrümelt. Sie sollte eigentlich am besten wissen, dass man nichts Essbares und schon gar nicht ver-gammeltes Obst importieren darf. Schließlich war sie oft genug in Australien gewesen. Aber sie hatte bei all der Aufregung völlig ver-gessen, ihre Handtasche auf Essbares zu inspizieren. Alle Ent-schuldigungen nutzten da wenig. Seitenweise Formulare musste sie, obwohl sie völlig fertig und übermüdet war, ausfüllen und unter-schreiben. „Seien Sie froh, dass sie heute keine Strafe zahlen müs-sen. Recht dazu hätten wir. Sollten wir beim nächsten Mal wieder etwas bei Ihnen finden, kommen Sie um ein Verwarngeld von eini-gen tausend Dollar oder einem Gefängnisaufenthalt nicht herum", klärte die Zollbeamtin Anna mit gönnerhafter Miene auf. Na, das ist ja noch mal glimpflich ausgegangen. Da verstehen die Australier keinen Spaß.
Todmüde, aber glücklich, endlich am Ziel unserer Träume zu sein, kamen wir um Mitternacht in unserem gebuchten Apartment in Sydney an.

Nach dieser stürmischen Ankunft folgte dann ein Orkan. Dafür sorgte Anna und nicht das Wetter. Übers Internet hatte Anna ein schönes Apartment in der Blue Point Road mit weitem Blick über den Hafen von Sydney gebucht. Es lag in unmittelbarer Nähe zum Fähranleger McMahons Point. So konnten wir stets mit der Fähre in die Innenstadt hin und wieder zurück kreuzen. Eine lauschige kleine Sandbucht führte vom Garten direkt ins türkisfarbene Hafenbecken und lud zum Baden ein.

„Lasst es lieber sein", warnte uns der nette Nachbar von nebenan. „Es könnte zufällig ein Hai vorbeischwimmen." „Was, mitten in der Stadt?", hakte ich nach. „Ja, was meinen Sie, wie tief das Wasser ist. Auch wenn Sie rundherum die Stadt sehen, so kommt das Wasser doch direkt aus dem Pazifik oder besser gesagt, es ist der Pazifik. Denn rund um die Schären der Küste wurde die Stadt einst erbaut."

Alles hätte nun schön werden können. Doch Anna entwickelte ein Problem – sie konnte nicht schlafen. Schon in Bangkok, wo wir uns einen dreitägigen Zwischenstopp gegönnt hatten, konnte sie kaum schlafen. Wahrscheinlich, weil wir in Bangkok gemeinsam in einem Doppelzimmer schliefen. Hier in Sydney schlief Anna auf der Schlafcouch im Wohnzimmer. Die Matratze auf der Couch war ihr zu dünn und zu weich, die Klimaanlage zu laut, mein Schnarchen unerträglich, auch durch die geschlossene Tür, wie sie mir vergewisserte. Mein Vorschlag, sie solle im Schlafzimmer schlafen und ich auf der Couch, gefiel ihr auch nicht. Wenn sie schon nicht schlafen konnte, wollte sie sich wenigstens frei bewegen können und auch nachts mal den Fernseher anstellen.
Ihre Launen wurden von Tag zu Tag schlechter und ich von Tag zu Tag nervöser. Kein pflanzliches Beruhigungsmittel half ihr. Zum Arzt ging sie auch nicht. An einem Tag wollte sie zurück nach Bangkok und am nächsten Tag ein Auto mieten, um mit mir zu ihren Freunden nach Coffs Harbour zu fahren. Dann wiederum wollte sie am liebsten zurück nach Deutschland fliegen. Irgendwann wusste sie gar nicht mehr, was sie überhaupt noch wollte. Egal, was ich vorschlug, sie lehnte alles ab. Wir haben uns nur noch gestritten.
Trotz der vielen Querelen hatte Anna mir noch einiges von Sydney gezeigt. Einmal schipperten wir mit der Fähre zur bekannten und

schönen Manly Beach. Doch es war ein zu hoher Wellengang, um zu Baden. Nur die Surfer tummelten sich in den hohen Wellen. Das nächste Mal kreuzten wir mit dem Schiff nach Darling Harbour, einem Freizeit- und Unterhaltungs-Hafen.

Durch den bekannten Botanischen Garten, der mitten in der Stadt liegt, pilgerte ich allein, während Anna einkaufen war. Hier schoss ich meine ersten Tierfotos. Flughunde, eine Art Fledermäuse, die zu Hunderten in den Bäumen hingen.

Dort, wo der Park ans Hafenbecken grenzt, blieb ich überrascht stehen und starrte auf ein Panorama des gegenüberliegenden Ufers. Wie ein schwarzer Kranz umrahmte die Harbour Bridge mit ihren tausenden Stahlteilchen die weißen segelartigen Dächer der Sydney Oper. So, als seien die beiden Wahrzeichen der Stadt eine Symbiose miteinander eingegangen. Ein einmaliges Motiv, wie ich es nur von dieser einen Stelle aus sehen konnte.

Am liebsten hielten wir uns am Circular Quay auf. Einladende Cafés und Restaurants verteilten sich entlang des Hafenrandes. Vom gewaltigen Sydney Opernhaus genossen wir die schönsten Ausblicke über den Hafen.

Am fünften Tag hat sich Anna die Hand auf der Herdplatte verbrannt, die auf Nummer halb angestellt war. Ich hatte vergessen, was draufzustellen. Gott sei Dank war Eis im Kühlschrank. So konnte sie sich die Hand sofort kühlen, um Schlimmeres zu verhindern, während ich zur Apotheke rannte und Brandsalbe kaufte.

Das nächste Drama ließ nicht lange auf sich warten. Um was zu besorgen, war ich mit der Fähre in die Stadt gefahren. In der Zwischenzeit gönnte Anna sich in der Badewanne ein heißes Bad und wusch sich die Haare. Leicht bekleidet ging sie danach auf den Balkon, um eine Zigarette zu rauchen. Im Apartment war striktes Rauchverbot. Es wehte ein starker, kalter Wind über Sydney. Damit kein Rauch in die Wohnung drang, schob sie die Balkontür zu. Der Wind half nach. Durch den Knall beim Zumachen drehte sich der Schlüssel, der von innen drauf steckte, um. Als ich dann endlich nach zwei Stunden zurück kam, saß sie zusammengekauert auf einem Stuhl, dicht an die Hauswand gepresst und meditierte. Mit einer Zeitung, die sie auf dem Balkon fand, deckte sie sich notdürftig zu, um sich so vor Wind und Kälte zu schützen. Am nächsten Tag traf Anna endlich eine Entscheidung – noch am selben Abend flog sie zurück nach Deutschland.

Fassungslos und geschockt ging ich wie in Trance im Apartment hin und her. Leer im Kopf, ja wie betäubt. Tränen liefen mir über die Wangen. Ich war nicht sauer, weil Anna zurückflog. Nein, als Mutter spürte ich, es war das Beste für sie. Nur die Art, wie alles gelaufen war. Diese ständigen Streitereien und die gegenseitigen Vorwürfe hatten mich zunächst einmal weit von meiner Tochter entfernt. Wie eine Fremde kam sie mir in den letzten Tagen vor.

Zwei Nächte waren noch im Apartment gebucht. Ich musste mich entscheiden, wie es für mich weitergehen sollte.
Seufzend holte ich tief Luft, ging auf den Balkon und schaute übers Wasser in die Ferne. Ich ahnte, irgendwo da hinten am Horizont vermischt sich das tiefblaue Wasser des Hafenbeckens von Sydney mit dem offenen Meer, dem Pazifischen Ozean und umspülte tausende von Kilometern die australische Ostküste. Ja, da wollte ich hin. In der Ferne sah ich die Fähren wie kleine Spielzeugschiffe von einem Anleger zum nächsten kreuzen. Noch einmal atmete ich tief durch, dann stand mein Entschluss fest:
„Gehe ich eben allein auf Achse!"

Zunächst fliege ich gen Norden. Von dort werde ich mich dann scheibchenweise entlang der Ostküste wieder nach Süden zurückbewegen.
Noch am selben Tag ging ich ins „Flight Center", eine Art Flugbörse und buchte einen Hinflug nach Cairns in Qeensland. Der war mit 300 Euro teuer. Dann buchte ich für vier Nächte ein Doppelzimmer zur Alleinbenutzung im Vier-Sterne Hotel „Cairns Plaza" für 50 Euro pro Nacht. So einen Schnäppchenpreis habe ich danach nicht mehr bekommen. Frühstück ist selten im Zimmerpreis enthalten. Dafür steht ein Kühlschrank, ein Wasserkocher plus Teebeutel und Nescafé in fast jedem Hotelzimmer in Australien. Unentgeltlich.

Ratlos stand ich vor meinem Gepäck. Anna hatte nicht nur einige Kleidungsstücke vergessen, sondern auch fast die gesamten

Toilettenartikel im Bad stehen lassen. Mir kam die glorreiche Idee, einen Trolley zu kaufen, um nur das nötigste an Zeug mit auf Reisen zu nehmen. Den Koffer wollte ich dann am Bahnhof bei der Gepäckaufbewahrung abgeben.

Nur, andere Länder, andere Sitten.
„Eine Gepäckaufbewahrung haben wir hier nicht", sagte der Schalterbeamte, als ich ihm am Hauptbahnhof danach fragte. „Haben Sie nicht?", enttäuscht schaute ich ihn an, „aber sicherlich Schließfächer?" Ich schöpfte neue Hoffnung. „Nein, auch keine Schließfächer!" „Auch keine Schließfächer?", echote ich. „Eine Weltstadt, ohne die Möglichkeit für den Tourist, sein Gepäck aufbewahren zu können?" „Aus Sicherheitsgründen. Tut mir leid!" Er hob seine Schultern. Ich muss so ein bedeppertes Gesicht gemacht haben, dass er sagte: „Versuchen Sie es in der Georg Street, dort gibt es mehrere Backpacker-Reisebüros. Soviel ich weiß, haben die Schließfächer." Großartig, die sind also nicht auf Sicherheit bedacht!
Zwölf Dollar pro Tag und Koffer sollte ich im Backpacker berappen. Schnell rechnete ich hoch. Für drei Wochen war es mir doch zu viel Kohle. So entwickelte ich eine wahnwitzige Idee und zog mit Koffer und neuerworbenem Trolley die nächsten Wochen durch Australien, zuallererst aber nur bis Cairns.

Nach den windigen und kalten Tagen in Sydney empfing mich der Norden mit tropischen Temperaturen. Sobald ich im Hotel eingecheckt hatte, nahm ich mein Badezeug, ein Hotelhandtuch und machte mich voller Erwartung auf den Weg zur Uferpromenade. Endlich würde ich mir ein erstes erfrischendes Bad im Süd-Pazifik gönnen. Doch dann guckte ich blöd aus der Wäsche, als ich auf der Promenade stand. Statt weißer Strand weit und breit nur schmutziggrauer Schlamm, der durch eine niedrige Betonmauer von der Promenade abgegrenzt war. Ein merkwürdiges Schild wies auf ein Krokodil mit weit aufgerissenem Maul und einen rot durchgestrichenen Schwimmer hin. Was für ein abenteuerliches Land. Haie, die zufällig am Hafenrand in Sydney an den Vorgärten der Häuser vorbeischwimmen und Krokodile, die auf Menschenjagd an der Uferpromenade von Cairns lauern. Weiß natürlich jeder Australier, nur ich nicht. Ich bin ja auch kein Australier und das erste Mal hier. Ich war gespannt, was mich noch so alles erwartete!

Unschlüssig schlenderte ich die Promenade entlang, bis ich vor ein sehr gepflegtes, riesengroßes Meerwasserschwimmbad stand. Eigentlich war das die beste Alternative zum Meer. Nur davon träumte ich im Moment nicht. Suchend sah ich mich nach einem schattigen Plätzchen um. Vergebens. So trottete ich zur Touristinformation und buchte Ausflüge für die nächsten Tage. Abends, als es angenehm kühl war, ging ich noch einmal rüber zur Promenade. Dunkelgrau fast schwarz schimmerte der Schlamm in der Dämmerung. Das Wasser hatte sich durch die Ebbe weiter nach hinten verzogen und genug Nahrung für die schwarzweißen Pelikane hinterlassen, die sich zum Abendessen hier eingefunden hatten. Ein waghalsiger Mann schien keinerlei Angst vor hungrigen Krokodilen zu haben, denn auch er turnte im Matsch herum. Wahrscheinlich suchte er Köder zum Angeln.

Auf zum Schnorcheln am Great Barrier Reef, dem größten Korallenriff der Erde! Es wurde 1981 von der UNESCO zum Weltnatur-Erbe gekürt und ist bereits zu einer Länge von mehr als 2.000 Kilometern angewachsen. Grund genug, um es beim Schnorcheln zu entdecken. Nach etwa 2 Stunden Fahrt aufs offene Meer hinaus ankerte das Schiff direkt am Außenriff neben einer Plattform. Sie war unsere Tauch- und Schnorchelstation für diesen Tag. Sehr romantisch sah sie nicht aus. Der Zahn der Zeit hatte bereits in Form von Rost an dem Eisenponton genagt. Doch was ich da unter Wasser zu sehen bekam, war ein absoluter Traum. Ich hatte das Gefühl, als schwimme ich in einem riesigen Aquarium. Fische in allen erdenklichen Farben und Mustern schwammen unter mir im Wasser. Immer wieder tauchte ich mit meiner Schnorchelausrüstung ins Wasser ein und glitt entlang der kunterbunten Riffe. Durch die Windstille war das Wasser aalglatt und eine glasklare Sicht bis auf den Korallengrund möglich.
Plötzlich tauchte unter mir ein ganzer Fischschwarm auf. Vor lauter Aufregung verzog ich meine Mundwinkel. Sofort lief mir Wasser in den Schlauch und in den Mund. Ich prustete und spuckte, drehte mich schnell auf den Rücken, um das Wasser aus dem vollgelaufenen Schlauch abzusaugen. Als ich wieder klar atmen konnte, drehte ich mich wieder auf den Bauch. Doch der Fischschwarm war längst über alle Korallenberge verschwunden. Ein neuer tauchte nicht wie-

der auf. Trotzdem schwammen genügend Einzelgänger um mich herum. Direkt an der Tauchstation wurden Fische zu bestimmten Zeiten gefüttert. Dann waren wir umringt von hunderten von verschiedenartigsten Fischen. Imposant fand ich den großen Napoleon-Lippfisch, mit seinen dicken aufgeworfen Lippen und dem Kopfbuckel. Immer auf der Jagd nach einem Happen, schwamm er zwischen uns und ließ sich sogar streicheln.

Als wir wieder auf dem Rückweg nach Cairns waren, sahen wir, wie dicke schwarze Rauchsäulen von den umliegenden kleinen Inseln in den Himmel stiegen. Die ölhaltigen Eukalyptusbäume der Inseln hatten sich bei der Hitze selbst in Brand gesetzt. Der Kapitän erklärte über Lautsprecher: „Kein Mensch kommt auf die Idee, sie zu löschen, meist hört das Feuer von allein wieder auf zu brennen. Feuer werden nur gelöscht, wo Siedlungen in der Nähe sind und diese Inseln sind von Menschen unbewohnt." Kurz vor Cairns verabschiedete sich der Kapitän des Schiffes mit den Worten „Auf Wiedersehen und Herzlich Willkommen in Smoggy Cairns. Inzwischen hatte einen Teil des Rauches Cairns erreicht und eingenebelt.

Die uralte Schmalspurbahn „Skytrain" genannt, schlängelte sich wie ein Wurm durch den hügeligen Regenwald und brachte uns zum kleinen Bergdorf Kuranda. Es war mein zweiter Ausflug. Gezogen wurde diese alte Lady von einer blau lackierten und mit Blumen bemalten Lokomotive. Erster Fotostopp war am mächtigen Barron-Wasserfall. Mächtig? Eigentlich ein Witz, denn er entpuppte sich als ein schmales Rinnsal. Mächtig ist er nur in der Regenzeit. Hunderte von Blumentöpfen und tropischen Pflanzen verwandelten den kleinen Bergbahnhof aus dem neunzehnten Jahrhundert in ein Blumenmeer. Die alte Dachkonstruktion wurde von schmiedeeisernen Säulen getragen. Selten habe ich so einen gepflegten und historischen Bahnhof gesehen.

Hier oben in der Gegend sollen die Ureinwohner, die Aborigines, bereits seit zehntausend Jahren ihre Bleibe haben. Später kamen die Pioniere hinzu und bauten die Eisenbahn. In den sechziger Jahren eroberten die Hippies und danach die Künstler diesen Ort. In den historischen Gemäuern sind heute Restaurants, Cafés und Kunstgewerbeläden untergebracht. Aborigines habe ich leider keine angetroffen. Vielleicht waren sie auf Wanderschaft (walk about). Denn auch ihre Art-Galerie war geschlossen. Ansonsten war Kuranda ein überlaufender Touristenort. Zwar hat Kuranda einen Schmetterlingsgarten und einen Vogelpark zu bieten, doch in der Hoffnung, ein paar seltenen Tieren oder Vögelchen in freier Wildbahn zu begegnen, bummelte ich im angrenzenden Regenwald auf dem Wanderweg, der den Barron-Fluss entlang führt. Ein Geschnatter vom Wasser her ließ mich aufhorchen. Leise pirschte ich mich näher heran. Doch nichts, es waren nur Blesshühner. Enttäuscht ging ich weiter. Kein Tierchen zeigte sich, wahrscheinlich hielten sie im Schatten der Bäume Siesta. Sie sind eben vernünftiger als wir Menschen.

Mit einer Gondelbahn ging es wieder zurück ins Tal. Ich gesellte mich zu zwei Australierinnen, es waren Mutter und Tochter.
Auf halber Höhe machte die Gondel Zwischenstation. Hier wartete bereits ein Ranger auf uns. Er führte uns über Holzstege auf Augenhöhe durch den dicht bewachsenen Regenwald und erklärte uns so allerlei aus der hiesigen Botanik. Bevor wir wieder mit der nächsten Gondel hinab ins Tal schwebten, schoss eifrig ein Fotograf Bilder von uns. Beim Abschied von Mutter und Tochter drückte mir die Mutter ein wirklich schönes Bild in Postkartenformat, das uns drei sitzend in der Gondel zeigte, mit den Worten in die Hand: „Zum Andenken!" Sie hatte für mich gleich eins mitgekauft. Ich war total überrascht. Selbstverständlich tauschten wir danach unsere Visitenkarten aus.

Gemächlich tuckerte an meinem dritten Ausflugstag das Safariboot auf dem schlammigen braunen Daintree-Fluss dahin. Über Lautsprecher erfuhren wir Wissenswertes über Krokodile: „Es gibt Salis und Sweeties. Die Salties leben im salzhaltigen Meer und die Sweeties im Süßwassergefilde, außerdem gibt's noch Mischlinge. Sie wandern vom Pazifik die Flüsse hoch." Gespannt lauschten wir der Stimme aus dem Mikrofon. Alles war mucksmäuschenstill und stierte ans Ufer, in Erwartung ein Ungeheuer mit offenem Maul, auf Beute wartend, zu sichten. Selbst der Motor des Schiffes war so leise eingestellt, dass er keinen einzigen Laut mehr von sich gab. Aber vergebens, weit und breit ließ sich kein Krokodil blicken. Ziemlich am Ende der Flussfahrt kam ein Funkspruch von einem anderen Safariboot, das uns vorausgeeilt war: „Krokodil am linken Ufer gesichtet!" Er beschrieb genau die Stelle, zu der unser Bootsführer hintuckern sollte. Na, endlich! Dichtgedrängt standen wir an der Reling, keiner wollte dieses einmalige Spektakel verpassen. Kameras wurden in Position bereitgehalten. Und, was sahen da meine neugierigen Augen? Ein klitzekleines Babykrokodil. Wegen des Gestrüpps konnte der Kapitän nicht sehr nahe an das kleine Ungeheuer heranfahren. Ganz ehrlich, mir kam es so vor, als läge dort hinten ein kleines Plastikkrokodil und ich wunderte mich über die „Ah…s" und „O…s" der anderen Passagiere. Am Ende der Bootsfahrt wunderte ich mich überhaupt nicht mehr. Beim Aussteigen standen mehrere Boote in Reih und Glied, die vor uns die Strecke abgeschippert waren. Bei so viel Bewegung auf dem Wasser hätte ich als Krokodil auch keine Lust, mich zu zeigen. Viel Geld hat dieser Ausflug auch noch gekostet.

Danach ging es weiter mit dem Bus nach Cape Tribulation und den Regenwald.
Auch hier führte uns ein Ranger über erhöhte Holzstege durch den Regenwald. Nicht ohne Stolz in der Stimme sagte er, dass dies der älteste Regenwald auf Erden sei. Über einhundert Millionen Jahre hat er bereits auf dem Buckel. Und wurde von der UNESCO zum Weltnatur-Erbe ernannt. Respektvoll vor so viel Urgeschichte ging ich staunend weiter.
Ich dachte immer, ein Regenwald heißt Regenwald, weil es dort ständig regnet. Tat es aber nicht, er war staubtrocken. Es hatte lange nicht mehr im Norden Australiens geregnet und außerdem sei die Regenzeit noch nicht angebrochen, klärte der Ranger mich auf. Na ja, Australien ist ja eh der trockenste Kontinent der Erde.
„Berührt ja keine Pflanzen", warnte uns der Ranger gleich am Anfang dieser Exkursion und zeigte auf ein palmartiges Rankgewächs, das sich um einen Baumstamm wand. Es war übersät mit hinterhältigen spitzen Stacheln, die einen Widerhaken besaßen. „Es ist ein gemeingefährlicher Parasit. Wer diese Stacheln in die Haut bekommt, muss umgehend operiert werden, sonst gibt's eine

schreckliche Entzündung. Neugierig geworden, fragte ich den Ranger: „Klären Sie mich doch mal auf, was sich so alles in Australien an giftigem Getier und Pflanzen herumtreibt?" Ich traute meinen Ohren nicht, die Liste schien kein Ende zu nehmen. Von Schlangen, wovon die giftigste der Taipan ist und hier in Queensland lebt, über die verschiedenartigsten Spinnen, bis hin zu den gefährlichsten Meeresbewohnern war die Rede. Wobei unter ihnen die Würfelqualle, die gefährlichste sein soll. Wie gut, dass ich es nicht vorher schon wusste, ob ich mich dann noch am Great Barrier Reef ins Wasser getraut hätte? Tausende für uns Menschen todbringende Tiere scheinen sich in Australien rumzutummeln, egal ob im Wasser oder auf dem Land.

Mir fiel der pingelige Zoll ein. Vielleicht sollte der lieber jedem Einreisenden eine Broschüre über die Gefahren ihres eigenen Landes in die Hand drücken, als sich über ein kleines Stückchen vergammeltes Obst aufzuregen. Ich nahm mir vor, ab sofort, besonders vorsichtig zu sein. Schließlich wollte ich ja heil in Deutschland wieder ankommen.

Auf unserem Rückweg nach Cairns fuhren wir über Port Douglas, ein rein touristischer Urlaubsort mit herrlichen Stränden. Hier machte ich mich mal wieder allein auf die Socken, um barfüßig am Strand zu laufen. Mehr war bei dem hohen Wellengang sowieso nicht drin. Muss an der Jahreszeit gelegen haben, dass fast an der gesamten Ostküste ziemlich hoher Wellengang herrschte. Außerdem soll sich hier um diese Jahreszeit die bereits erwähnte Würfelqualle rum treiben. Ein winziger Stachel ihrer langen Tentakel hat beim Menschen fast immer tödliche Folgen.

Während des Ausfluges hatte ich mich mit einigen der Mitreisenden, fast ausschließlich jüngeren Menschen, angefreundet. Nicht nur Deutsche sondern auch Franzosen, Brasilianer, Italiener und Japaner waren unter ihnen. Ein buntes Völkergemisch. So hörte ich viele Geschichten, Meinungen und auch Reisetipps für Australien. Als der Busfahrer vor meinem Hotel hielt, es war der erste Stopp, drehte ich mich noch einmal um und verabschiedete mich mit den Worten: „Bye bye, Tschüss, Au Revoir, Ciao, Adios, es war sehr nett mit euch!" Ein Stimmengewirr der verschiedensten

Abschiedsgrüße hallte mir entgegen. Ja ich meine sogar, einige klatschen gehört zu haben, als ich bereits draußen war.

Um mein Gepäck etwas zu erleichtern, trennte ich mich kurz entschlossen von einigen Sachen. Ich sortierte nicht nach Wert, sondern nach Zweckmäßigkeit aus. Bei der Hitze hier oben im Norden mussten die wärmeren Sachen dran glauben. Prall gefüllt stellte ich dann die Plastiktüte neben den Papierkorb. Doch ein Gefühl der Erleichterung, als ich mein Gepäck anhob, hatte ich nicht! Ich tröstete mich mit dem Gedanken: Beim nächsten Hotelaufenthalt wieder etwas zurückzulassen.

Bereits früh morgens um acht saß ich im Taxi zum Flughafen. Eigentlich wollte ich auf die Whitsunday Islands, aber die Dame im Reisebüro meinte: „Es sind noch Frühlingsferien in Queensland, die günstigste Übernachtung kostet 300 Dollar!" „Bitte wie viel?", sicherheitshalber fragte ich nach. „Tut mir leid, 300 Dollar!" „Aber ich brauche doch keine Fünf-Sterne, eine einfache Hütte oder sonst irgendwas Günstiges, würde mir schon reichen!"
„Es ist auch kein Fünf-Sterne Hotel. Aber nehmen Sie doch an einer Segelkreuzfahrt teil, die ist bedeutend billiger."
„Das geht nicht, ich schnarche und da es auf diesen kleinen Jollen keine Einzelkabinen gibt, kann ich es den Mitreisenden nicht zumuten. Außerdem nehmen die mich mit meinem vielen Gepäck gar nicht erst mit." Krampfhaft überlegte ich, was ich sonst noch machen könnte. Schließlich sagte ich: „Ach wissen Sie, bevor mir alles zu teuer und kompliziert wird, buchen Sie mir man nur einen Flug bis Brisbane und dann sehe ich weiter. Enttäuscht schaute sie mich an, bestimmt hatte sie auf mehr Umsatz gehofft.

Neues Spiel, neues Glück!
Ich nahm mein Gepäck am Flughafen von Brisbane vom Laufband und trottete los. Mein Blick fiel auf einen Schalter, der Bahntickets für Brisbane verkaufte. Bereits wenig später stand ich, mit meinem Ticket in der Hand, auf dem Bahnsteig. „Gold Coast" stand auf dem Zug, der bereits wartete. Meine Gedanken überschlugen sich. In Sekundenschnelle hatte ich einen neuen Plan gefasst. Vorsichtshalber fragte ich einen Schaffner, der mir gerade übern Weg lief:

„Fährt dieser Zug an die Gold Coast?"

„Steht doch dran", antwortete er. Also verbesserte ich meine Frage: „Ich meine, fährt er über Brisbane an die Gold Coast?" „Ja".

„Ich habe mir gerade ein Ticket für Brisbane gekauft, würde aber viel lieber an die Gold Coast fahren, was mache ich denn jetzt?" „Kein Problem, da vorn ist ein Schalter, dort können Sie ihre Fahrkarte tauschen." „Schaffe ich das noch?" „Sicher, der Zug fährt erst in zehn Minuten, gehen sie nur, ich passe inzwischen auf Ihr Gepäck auf."

„Kennen Sie zufällig einen kleinen gemütlichen Badeort an der Gold Coast? Ich möchte nicht dorthin, wo die Bettenburgen stehen!", fragte ich den netten Beamten, als ich mit der neuen Fahrkarte zurückkam. Angestrengt überlegte er, dann sagte er: „Coolangatta, ja Coolangatta, der Ort könnte Ihnen gefallen. Es ist ein kleiner Ort, am Ende der Gold Küste."

Auf einen Zettel schrieb er mir den Namen der Station, wo ich in den Bus umsteigen musste. Überglücklich verabschiedete und bedankte ich mich mit einem Handschlag bei dem hilfsbereiten Bahnbeamten und stieg in den Zug.

Gut, Brisbane hatte ich nun nicht gesehen. Aber ich verweile sowieso lieber in kleineren Ortschaften.

„Wo wollen Sie denn aussteigen?", fragend schaute mich der Busfahrer von der Seite an. Ich schaute nach draußen in die Dunkelheit, längst hatten wir Coolangatta erreicht. Der Ort zog sich in die Länge. Es waren kaum noch Fahrgäste im Bus und es schien so, als hätten wir bald die Endstation erreicht.

„Das weiß ich auch nicht?", sagte ich hilflos.

„Aber Sie müssen doch wissen, in welchem Hotel Sie wohnen", er schaute auf mein Gepäck. „Ich habe ja noch gar kein Hotel. Das muss ich mir erst noch suchen. Vielleicht lassen Sie mich dort raus, wo Hotels sind", bittend schaute ich ihn an. Erneut lenkte er seinen Blick von der Straße weg, hin zu mir und musterte mich nun von oben bis unten. Bestimmt überlegte er, welche Preiskategorie an Hotels er mir empfehlen sollte. Dann huschte ein Lächeln über sein Gesicht, er hielt den Bus an und zeigte mit dem Finger in Fahrtrichtung: „Wenn Sie ein paar Schritte diese Straße geradeaus

gehen, kommt ein kleines Hotel, versuchen Sie dort ihr Glück."
„Ist es auch nicht zu teuer?", hakte ich sicherheitshalber nach. Denn
ich wusste ja nicht, zu welchem Ergebnis er bei seiner Inspektion
über mich gekommen war. „Nein, nein, ganz bestimmt nicht, es ist
sogar sehr günstig." Wenig später stand ich vor dem Hotel.

Na ja, ich will es mal so sagen: Von draußen sah es nicht schlecht
aus, aber Hotel? Ein langgestreckter Doppeldecker. Sands Hotel
stand mit großen Lettern über einem kleinen popeligen Eingang.
Drei Stufen führten hinauf in den ebenso kleinen Vorraum. Hinter
einer Art offenen Verschlag saß eine junge Dame.
„Hallo, schönen guten Abend", begrüßte ich sie!
„Hallo, wie geht es Ihnen?", fragte sie mich interessiert. Doch bevor
ich überhaupt antworten konnte, folgte schon der nächste weltweit
übliche Satz: „Was kann ich für Sie tun"? „Ich suche ein Zimmer."
„Für wie viele Personen?"
„Für wie viele Personen?", wiederholte ich, drehte mich vorsichts-
halber um, ob sich noch jemand zu mir gesellt hatte. Doch außer
meiner Wenigkeit war kein Mensch weit und breit zu sehen.
„Für mich allein", stellte ich laut und deutlich klar.
„Aber wir haben keine Einzelzimmer."
„Dann nehme ich eben ein Doppelzimmer zur Alleinbenutzung."
„Haben wir auch nicht, erst ab vier Personen."
„Wie bitte? Ich dachte dies ist ein Hotel?"
„Wir sind ein Backpacker Motel."
„Ach so, ein Backpacker, hm, trotzdem, ich schlafe nicht mit ande-
ren in einem Zimmer." Es muss mein Alter gewesen sein, plötzlich
schaute sie mich verständnisvoll an: „Ein Vierbettzimmer ist noch
frei. Wenn weiter keiner kommt, können Sie allein drin schlafen,
aber nur für eine Nacht!"
„Wie stehen meine Chancen, dass niemand mehr kommt?"
„Um diese Uhrzeit sehr gut."
„Was kostet mich das Vierbettzimmer zur Alleinbenutzung?"
„Fünfunddreißig Dollar." Gerade mal zwanzig Euro. Wahnsinn! Für
eine Sekunde kam mir der Busfahrer wieder in Erinnerung. Also auf
ins Backpacker. Aufs Äußerste gespannt, nahm ich mein Gepäck
und stiefelte die Treppe hoch. Von einem langen schmalen Flur gingen zu beiden Seiten die Zimmer ab. Die Gerüche meiner Vorgänger

hingen noch als undefinierbares Geruchgemisch im Raum. Zwei Etagenbetten, vier abschließbare Fächer und ein klapperiger Stuhl, das war auch schon alles, was sich in dem kleinen Raum befand. Mir war es ein Rätsel, wie sich vier Menschen gleichzeitig auf den schmalen Gang zwischen den Doppelbetten aufhalten konnten. Entweder musste die eine Hälfte schon im Bett sein, wenn die andere Hälfte auftauchte oder es gab eine mittelschwere Karambolage. Angenehm überrascht war ich über das saubere Bettzeug. Meine Wahl fiel auf das unterste Bett links, weil es mit dem Kopfteil direkt unterm Fenster stand. Mit aller Kraft versuchte ich, den unteren Teil des uralten Fensters hoch zu schieben. Jedoch mehr als eine handbreit ging nicht auf. Zwei große Nägel waren als Sperre am oberen Fensterrahmen angebracht. Kein Wunder, dass bei so wenig Frischluftzufuhr der Mief der Vorgänger noch im Raum hing. Die Waschbecken in den sanitären Anlagen, deren Wasserhähne lustig vor sich hin tröpfelten, schienen von Anno Tobak zu sein. Sparsam wie ich nun mal bin, versuchte ich, sie zuzudrehen. Doch einige tropften lustig weiter. Kurioserweise hing ein Schild an der Wand „Schont die Umwelt, geht sparsam mit dem Wasser um."

Auch wenn das Geschirr und die Töpfe in der großen Gemeinschaftsküche aussahen, als hätten die Einwohner der Stadt sie schon vor Jahren hierher entsorgt, so war doch alles sehr sauber. Eigentlich wäre es die perfekte Gelegenheit für mich, zu kochen. Doch allein der Einkauf für ein einziges Abendessen war mir dann doch zu aufwendig. Zumal das Restaurant ja nur ein paar Stufen weiter unten lag. Dort schlürfte ich zur Feier des Tages ein großes irisches Bier und ließ mir ein Steak mit Salat schmecken. Nur wenige Leute saßen an den Tischen. Dafür tobte das Leben hinten in einer Ecke des Raumes. Tanzstunde war angesagt. Nach dem Alter und der Kleidung zu urteilen, schienen es Einheimische zu sein, die sich hier verlustierten. Ein Tanzlehrerpaar zeigte den Gästen bei lateinamerikanischer Musik die Tanzschritte. Schade, punkt 21 Uhr stellte der Tanzlehrer die Musik ab, die Tanzwütigen holten ihre Taschen und Garderobe und verschwanden. Auch ich bezahlte meine Rechnung, die sehr günstig war und ging schlafen.

Morgens um 10 Uhr musste das Zimmer geräumt werden.

„Haben Sie eine Ahnung, wo ich bis um vier Uhr heute Nachmittag mein Gepäck lassen kann?", fragte ich dieselbe junge Dame vom Vorabend. „Wir haben einen Gepäckraum, gleich hinter der Treppe."

„Was kostet es?"

„Gar nichts." Donnerwetter, hier war wirklich alles sehr günstig.

„Wissen Sie, ich habe meinen Koffer ein wenig erleichtert und neuwertige Sachen in eine Plastiktüte neben den Papierkorb gestellt. Vielleicht können Sie ja jemandem damit eine Freude machen."

„Sehr nett von Ihnen, vielen Dank!" Ihre Freude schien echt zu sein. Nach der Devise – Augen zu und weg damit – trennte ich mich von weiteren Sachen. Wieder war ich ein bisschen mehr Ballast los. Entspannt marschierte ich barfuß den breiten goldgelben Strand der berühmten Gold Coast entlang und ließ die auslaufenden Wellen über meine Füße spülen. Mehr war mir zu gefährlich, außer Surfern und Wellenreitern, die sich in die heranrollenden Wellen stürzten, waren wieder Mal keine Menschen im Wasser.

Wegen der sehr guten Surfbedingungen hatten Surfer vor vielen Jahren den Abschnitt im Norden der Gold Coast für sich erobert und gaben ihm den Namen „Surfers Paradise" Doch dann kamen die Stadtväter und witterten ein lukratives Touristengeschäft. Kurzerhand bauten sie Bettenburgen für den Massentourismus und das bis dato höchste Wohngebäude der Welt, den Q 1 Tower, mit 80 Etagen. Die Gold Coast zählt zu den größten Urlaubsparadiesen weltweit. Coolangatta bildet im Süden das Schlusslicht der 35 km langen Küste. War ich froh, hier am goldgelben Strand von Coolangatta zu stehen und die Bettenburgen von Surfers Paradise aus der Ferne zu erblicken.

Witzig, Coolangatta heißt nur die eine Hälfte der Stadt und gehört zu Queensland. Die andere Hälfte der Stadt heißt Tweed Heads und gehört zu New South Wales (NSW). Lustig fand ich die Zeitverschiebung der beiden Bundesländer. Am Silvester können die Einwohner auf der Straße, die mitten durch die Stadt führt und sie trennt, zweimal anstoßen. Wenn es auf der einen Straßenseite erst 23 Uhr ist, feiert die andere Seite bereits das Neue Jahr. Na, dann Doppel-Prost!

Lange hielt ich es in der knallheißen Sonne nicht aus. Was nützten einem die schönsten Traumstrände, wenn man nicht ins Wasser gehen konnte und auch nirgends ein schattiges Plätzchen zu finden war. Obwohl ich einen Sonnenhut trug, wollte ich nicht riskieren, meine Arme und Beine verbrennen zu lassen. Denn die australische Sonne ist, trotz Sonnenschutz, sehr aggressiv.

So war ich auch nicht traurig, dass ich bereits am Nachmittag wieder auf Achse war.

Die nächsten Tage standen im Zeichen von Freundschaften. Ich war schrecklich neugierig auf Annas Freunde, die sie im Laufe ihrer vielen Australien-Reisen gewonnen hatte. Nachdem Anna zurück nach Deutschland geflogen war, hatte ich den Kontakt mit ihren Freunden aufgenommen. Amy, die in Byron Bay wohnte, wollte ich zuerst besuchen.

Erwartungsvoll stieg ich in den Greyhound-Bus. Toll, der erste Platz mit Panoramablick auf die vorbei gleitende Landschaft war noch frei.

Als der Bus in Byron Bay hielt, standen junge Menschen an der Haltestelle und hielten Schilder hoch, auf denen Hotelnamen standen. Einige holten ihre Gäste ab und andere waren auf Kundenfang. Der Bus war bereits wieder abgefahren. Die Jungs zogen mit oder ohne Gäste von dannen und ich stand wie bestellt und nicht abgeholt mutterseelenallein und wartete. Amy war nicht in Sicht. Sie besaß in Byron Bay ein kleines Gästehaus. Ich freute mich sehr auf sie. Anna hatte all die Jahre viel von Amy erzählt.

Nach ungefähr dreißig Minuten kam ein kleines rotes Auto angebraust und hielt direkt vor mir. „Hey Moni", begrüßte mich eine große schlanke und elegante Frau mit kurzen blonden Haaren. „Sorry, ich habe mich verspätet."

„Hey Amy, das macht doch nichts", entgegnete ich, froh, überhaupt abgeholt zu werden. Wir verstauten mein Gepäck in ihrem kleinen Wagen und bereits zwei Straßen weiter hielten wir vorm „Amigos Guesthouse". Ein schmuckes Einfamilienhaus inmitten eines hübschen Gartens. Gleich die erste Tür rechts im Flur führte ins Gästezimmer. Mein neues Zuhause für die nächsten zwei Nächte. Bilder an den Wänden und hübsche Baumwollläufer mit mexikanischen Motiven ließen den ansonsten zweckmäßig eingerichteten Raum gemütlich aussehen. Amy liebte Mexiko und brachte sich von ihren Reisen dorthin diese wunderschönen Dinge mit. Eine schmale Tür führte direkt in ein kleines Duschbad. Nur für mich – dachte ich!

Am Abend lud ich Amy in ein rustikales italienisches Restaurant zum Essen ein. Amys Geheimtipp. „Hier gibt's die beste Ofen-Pizza der Stadt", sagte Amy, als sie sah, wie ich auf den Nachbartisch schielte. Konnte ich mir bei dem dicken Teig, ehrlich gesagt, nicht vorstellen. Behielt es aber für mich. Bei Pizza, die trotz dickem Teig gut schmeckte, Rotwein und Kerzenlicht, verbrachten wir einen gemütlichen und amüsanten Abend.

Seltsame Geräusche schreckten mich früh am Morgen aus dem Schlaf. Zwei Personen schienen sich zur selben Zeit in – meinem Duschbad – aufzuhalten. Jedes Geräusch war zu hören. Wie lange sie pinkelten, gurgelten, spuckten und duschten. Sie brauchten eine Ewigkeit. Es schien kein Ende zu nehmen. Kein Wunder, dass ich es hörte, als sei es direkt bei mir im Zimmer. Die schmale Badezimmertür hing mindestens fünf Zentimeter über dem Boden. Vom Flur aus gab es noch einen weiteren Zugang ins Mini-Duschbad.

Was soll's, gut gelaunt sprang ich aus dem Bett und öffnete die Terrassentür. Auf der gegenüberliegenden Gartenseite saß ein Pärchen vor einer kleinen Holzhütte und frühstückte. Ich winkte zur Begrüßung kurz rüber. Amy hatte ihre Garage in zwei kleine Räume aufgeteilt, darin einen Schlafraum und eine Wohnküche eingerichtet. Das vermietete sie dann als Holzbungalow. Im Frühstücksraum traf ich auf ein junges Pärchen. Wahrscheinlich die beiden Badbenutzer, sie waren Franzosen.
„Na, wie gefällt euch Australien?", fragte ich sie, nachdem ich sie begrüßte. Ihr Gesichtsausdruck war eher ein wenig verlegen. So, als überlegten sie, ja nichts Verkehrtes zu sagen.
„Ich glaube, eure Erwartungen haben sich bisher nicht erfüllt, oder?", versuchte ich ihnen auf die Sprünge zu helfen. Nun war das Eis gebrochen und es sprudelte nur so aus ihnen heraus: "Bis jetzt haben wir noch nichts Besonderes erlebt oder gesehen. Dafür sind wir nun so weit geflogen. Alles ist schweineteuer. Das Geld rinnt uns nur so durch die Finger."
„Wenn ihr noch nach Queensland fahrt, dann solltet ihr auf jeden Fall am Great Barrier Reef Schnorcheln oder Tauchen. Aber auch ein Segeltörn um die Whitsunday Island, wäre für euch bestimmt ein tolles abenteuerliches Erlebnis. Das macht alles andere wett", schlug ich den beiden vor. Sie waren von meinen Vorschlägen begeistert und ein Strahlen huschte über ihre Gesichter.

Dass man das australische Essen nicht mit der europäischen Küche vergleichen kann, darüber waren wir auch einer Meinung. „Man muss eben das Beste draus machen", tröstete ich sie. Wir schnatterten noch eine Weile, dann unternahmen sie einen Ausflug mit ihrem gemieteten Auto.

Amy brachte mich an den östlichsten Punkt Australiens, am Cap Byron Bay. Das Weiß des Leuchtturms strahlte mit dem Blau des Himmels um die Wette. Unter mir bot sich ein traumhafter Ausblick auf den kilometerlangen weißen Strand und dem türkisblauen Wasser.

Plötzlich bewegte sich eine dunkle - fast schwarze - Wolkenwand auf Byron Bay zu. Sie ließ nichts Gutes ahnen. Trotzdem befolgte ich Amys Rat und nahm den einsamen Wanderweg, der an den Klippen entlang nach unten führte. In der Hoffnung, endlich mal ein für mich seltenes Tier zu Gesicht zu bekommen, schaute ich zwischen rechts dem Meer und links der Vegetation hin und her. Auch Buckelwale sollten in dieser Jahreszeit in der Nähe der Küste unterwegs sein. Aber nichts geschah, weder im Wasser noch im Busch bewegte sich etwas. Dafür kam die schwarze Wolkenwand bedrohlich näher. Der Wind kam auf und dicke Regentropfen begannen vom blauen Himmel zu fallen. Zurück, um Schutz im Leuchtturm zu suchen, machte keinen Sinn mehr, dafür war ich schon zu weit unten. Zum Wasser hin war zwar ein Holzgeländer zum Anfassen, aber ansonsten freier Fall nach unten, das könnte bei Sturm gefährlich werden. In den Busch flüchten? Mein Gott, dort gab es unter Umständen viele gefährliche Tiere. Allein die zehn giftigsten Schlangen der Welt leben in Australien.

Immerhin werden jährlich dreitausend Menschen in Australien von einer Schlange gebissen. Weil aber die meisten Schlangen nur einmal zubeißen und der erste Biss („dry bite") noch nicht so giftig sein soll, sterben laut Statistik pro Jahr nur ein oder zwei Menschen an Schlangenbissen. Außerdem halten die Australier jede Menge an Gegengifte bereit. Ferner leben aber noch bis zu fünfundzwanzig Spinnenarten in Australien, mit dem tödlichsten Gift weltweit. Um nur mal wieder an die giftigen Viecher zu erinnern.

Also ne, bei diesen Gedanken legte ich noch einen Zahn zu. Die Tropfen wurden mehr und die Wolkenwand war noch näher gerückt.

Nun schoben sie sich auch noch vor die Sonne. Und dann…, war der Spuk vorbei. Das Unwetter hatte sich endgültig entschieden, weiter gen Osten über den Ozean abzuziehen. Ich war gerettet. Die Sonne hatte die Landschaft zurückerobert. Zur Belohnung begegnete ich noch einem Urtier. Ein ziemlich großer Water Dragon sonnte sich auf dem Wanderweg. Ganz vorsichtig stellte ich meine Kamera auf Nahaufnahme. Ich wagte kaum zu atmen. Dann schoss ich meine ersten Tierfotos von Australien. Nein, nicht ganz, die ersten waren ja die Flughunde in Sydney. Ach, ja und die stolzen Pelikane von Cairns. Dieses Urvieh ließ sich nicht aus der Ruhe bringen, während ich lustig drauf los fotografierte.

Unten angekommen, ging ich über eine geteerte Straße, die direkt am Strand endete. Aus der Stille heraus klang unerwartet eine witzige Melodie an meine Ohren. Ta…, ta, ta, ta, ta…! Immer wieder in Abständen von einigen Sekunden derselbe liebliche Ton. Neugierig folgte ich dem Klang, bis ich vor einem Eisenmast verwundert stehen blieb. Ein kleines dünnes Verkehrsschild mit der Aufschrift „No Parking" brachte bei jedem Windstoß diese liebliche Melodie hervor. Singende Verkehrsschilder! In Australien ist eben alles anders! Oh Wunder, eine schattige Überraschung am Strand in Form eines grünen Strauches neben einem Felsen. Mit geschlossenen Augen genoss ich im kühlen Schatten das Rauschen des Ozeans. So macht Reisen Spaß!

„Auf gar keinen Fall Fleisch!", wehrte Amy ab, als ich vorschlug, Steaks für uns beide zu braten. „Am liebsten esse ich Pasta." Also kochte ich Nudeln und aus frischen Tomaten und Champignons sowie diversen Kräutern brutzelte ich eine leckere Soße. Dazu gab es einen frischen gemischten Salat. Im Kühlschrank hatten abgereiste Gäste eine Flasche Bier zurückgelassen, welches ich zum Essen trank und Amy schenkte sich ein Glas Rotwein ein. Nach dem Essen gesellte sich noch das französische Pärchen zu uns. Es wurde ein netter Abend. Am nächsten Morgen, als ich Amy um die Rechnung bat, überraschte sie mich mit den Worten: „Nein, nein, ist schon gut, du bist mein Gast."
„Aber wieso denn, ich möchte wirklich das Zimmer für die zwei Nächte bezahlen!"

Doch Amy argumentierte: „Schließlich hast du mich zum Abendessen eingeladen und gestern auch noch lecker gekocht, das reicht." Um ehrlich zu sein, meiner Geldbörse freute es.

Bevor Amy mich zur Bushaltestelle brachte, lief ich noch einmal zum Strand. Ich wäre zu gern ins verlockende türkis schimmernde Wasser gesprungen. Jedoch waren wieder nur Wellenreiter mit ihren Surfboards im Wasser und auch keine Lebensretter am Strand. „Die kommen erst in der Hochsaison", hatte Amy mir erklärt. So gönnte ich mir nur ein erfrischendes Fußbad. Man weiß ja nie, ob sich da gerade eine der gefährlichsten Quallen oder sonst ein Ungeheuer im Wasser rumtreibt.

On the road again! Und schon war ich wieder auf Achse!

Merkwürdig, wann immer ich in den Greyhound stieg, war die erste Reihe frei. Die meisten Fahrgäste hatten sich nach hinten verkrümelt und schliefen. Anscheinend kamen sie schon von weit her. Zwischen Byron Bay und Coffs Harbour, meinem nächsten Ziel, begann die Landschaft lieblicher zu werden.

„Du kannst dich freuen, ab jetzt fährst du durch eine wunderschöne hügelige Landschaft", hatte Amy mir beim Abschied gesagt. Eukalyptuswälder wechselten mit saftig grünen Wiesen, auf denen schwarzweiße Kühe grasten. Vereinzelt säumten Weide- und Laubbäume, die ihr frisches Frühlingskleid angezogen hatten, die Wiesen. Stellenweise hatte ich das Gefühl, ich fahre durch eine mitteldeutsche Gebirgslandschaft. Nach stundenlanger Fahrt auf dem Pazifik Highway rollte der Bus pünktlich um vier Uhr nachmittags in Coffs Harbour ein. Hier wollte ich Annas allerbeste Freundin Karen besuchen sowie einen guten Freund von Anna, den Glenn, der auch in Coffs Harbour wohnte.

Mal wieder stand ich, wie bestellt und nicht abgeholt, am Wegesrand. Pünktlichkeit schien unter den Australiern nicht Sitte zu sein. Der Greyhound war längst über alle Berge verschwunden, da kam Karen endlich nach einer halben Stunde mit ihrem kleinen Flitzer um die Ecke gefahren.

Wenig später standen wir vor ihrem Häuschen inmitten eines Dschungelgartens. Bis auf einen kleinen Grünstreifen war alles mit blühenden Büschen und hohen Bäumen zugewuchert. Dagegen sahen die Gärten ihrer Nachbarn richtig kahl aus.

„Die Australier mögen nicht so viel Grün in ihren Gärten", bemerkte Karen, als sie meinen fragenden Blick sah. „Ich finde, sie sind unvernünftig. Was meinst du Moni, wie heiß es hier im Hochsommer wird. Da bin ich froh über jeden Baum, der mir Schatten spendet. Alles, was du hier siehst, habe ich vor Jahren selbst angepflanzt", betonte Karen.

Karen war vor 25 Jahren, gemeinsam mit ihrer sechsjährigen Tochter, von Hamburg nach Australien ausgewandert.

Ein feuchtmuffiger Geruch wehte mir entgegen, als wir das Haus betraten. Er wurde auch nicht weniger, als Karen die Tür zum Gästezimmer öffnete. Na ja, Gästezimmer war leicht übertrieben, im Grunde war es eine einzige Rumpelkammer, laut Karen ein Abstellraum - vollgestellt mit Möbeln und allerlei Kleinzeug aus vergangenen Tagen. Nur ein schmaler Gang war begehbar. Irgendwie musste ich da noch meine Koffer unterbringen. Ich war ja erfinderisch und richtete mich, so gut es ging, ein. Mein offener und stets durchwühlter Koffer machte das Tohuwabohu eigentlich perfekt. Karen hatte sich in den letzten sieben Jahren zur Künstlerin gemausert. Mitten im Esszimmer stand ihre Staffelei. An den Wänden hingen Familienfotos und Titelseiten von Magazinen, die Karen von früher, als bildhübsches Model, zeigten. Sie hatte es sogar bis auf die Titelseite des Sterns geschafft.

Obwohl Karen nicht klein war, so wirkte sie doch durch ihren schlanken und feingliedrigen Körperbau zierlich. Sie verstand es ihr ebenmäßiges Gesicht so zu schminken, dass man es kaum bemerkte. Eine äußerst attraktive Frau, die auch durch ihre schulterlangen rotblonden Haare noch sehr jugendlich aussah. Nach außen wirkte Karen ein wenig schüchtern und introvertiert, aber sie wusste genau, was sie wollte. Eine wirklich interessante Frau, das stellte ich schnell fest.

Noch am selben Abend überraschte mich Karen mit einem perfekten Menü. Ganz wie in einem Gourmetrestaurant, zierte nicht viel meinen Teller, aber es war raffiniert angerichtet und schmeckte vorzüglich. Zwei kleine Kartöffelchen, ein paar grüne Böhnchen sowie eine halbe mit Kräutern gefüllte Hähnchenbrust. Hier hätte ich mal so richtig reinhauen können. Doch Karen achtete eben sehr auf ihre Linie, wie sie betonte.

In Coffs, so nennen die Einwohner liebevoll ihre Stadt, herrscht das ganze Jahr über gemäßigtes subtropisches Klima. Der Frühling war angebrochen und das Wetter gemischt. Mal wolkig, mal bedeckt und ziemlich stürmisch, es hatte die letzten Tage geregnet. Das Bett fühlte sich klamm und kalt an. Leider hatte ich meine warme Fleecehose bereits über Bord geworfen. Jedoch meine Fleecejacke besaß ich noch. Die zog ich mir über mein Nachthemd, eine dünne Jogginghose darunter und vorsichtshalber noch Socken an den Füßen. Eine wohlige Bettwärme wollte sich trotzdem nicht einstellen. Mit dem Vorsatz, mir gleich morgen eine warme Wolldecke zu kaufen, schlief ich mehr schlecht als recht ein.

Laute Stimmen am Morgen drangen an mein Ohr. In meinem ungewöhnlichen Nachtgewand stürzte ich ins Wohnzimmer, von wo die Geräusche zu kommen schienen. Lauthals musste ich lachen: Karen saß vor dem Fernseher und schaute deutsche Nachrichten.

„Hey Moni, warum lachst du?", überrascht und neugierig zugleich sah mich Karen an.

„Fast fühle ich mich wie Zuhause, dort werde ich auch morgens zur selben Zeit durch laute Nachrichten aus dem Fernseher geweckt", antwortete ich. Wie sich die Bilder gleichen. Karen ist eben genau wie mein Mann, ein Mensch der Gewohnheiten. Oder hat es was mit derem gemeinsamen Sternkreiszeichen zu tun? Einladender als ich sah Karen in ihrem morgendlichen Outfit auch nicht aus. Sie schien genauso zu frieren. Über einer grauen dicken Sweatshirthose trug sie einen langen grauen Wollpullover und an den Füßen Hauspelzstiefel. Wir beide sahen wie graue Mäuse aus.

Außer Lippenstift, Augenbrauen nachziehen und ab und zu Wimperntusche, wenn ich aus dem Haus gehe, schminke ich mich nicht. Nach ein paar Tagen schminkte auch Karen sich erst, bevor sie das Haus verließ. Ich konnte meinen Blick kaum von ihr abwenden, so verwundert war ich über den sagenhaften Unterschied zwischen vor- und nachher in ihrem Gesicht.

„Ruf mich an, wenn ich dich wieder abholen soll", sagte Karen, als sie mich nach dem Frühstück zum Hafen brachte. Coffs ist nicht nur sehr weitläufig, sondern auch sehr hügelig. Amy hatte mir ihr altes

Handy, in dem sie für 15 Euro eine Karte einlegte, mit der
Begründung geliehen:
„Damit du auch innerhalb Australiens billig und ohne
Schwierigkeiten telefonieren kannst. Bevor du nach Deutschland
zurückfliegst, schickst du es mir einfach per Post zurück." Mit zwei
Handys in der Tasche konnte ich je nach Ziel äußerst günstig tele-
fonieren. Für mein deutsches Handy hatte ich einen günstigen
Urlaubstarif abgeschlossen, um damit für wenig Geld nach
Deutschland telefonieren zu können.

Bei dem starken Wind, der auf Mutton Island herrschte, hatte ich
große Mühe, mich auf den Beinen zu halten. Trotzdem folgte ich
dem schmalen Pfad auf der Insel, die dem Hafen vorgelagert ist, bis
zur Aussichtsplattform. Obwohl die Insel als Naturschutzgebiet für
viele tausende Vögel dienen soll, konnte ich kein einziges
Vögelchen entdecken. Wahrscheinlich hatten sie sich bei dem Sturm
versteckt gehalten. Dafür wurde ich auf der Aussichtsplattform mit
einem faszinierenden Naturschauspiel belohnt. Riesige tosende
Wellen schlugen unentwegt gegen die Felswand unter mir. Sie hin-
terließen eine Wasserfontäne, die in eine schneeweiße Gischt, wie
überschäumendes Seifenwasser, zu beiden Seiten am Felsen auslie-
fen. Buckelwale könnten auch hier vorbeischwimmen. Aber so sehr
ich auch nach ihnen Ausschau hielt, außer heranrollenden Wellen
bewegte sich nichts da unten.

Souvenirläden und kleine Cafés sowie Wassersportgeschäfte und
ein Fischgeschäft zierten die Hafenmeile. Mir gingen die Augen
über, als ich die Auslagen an der Fischtheke erblickte. Fangfrische
Ware, wovon ich die meisten Fische noch nie gesehen hatte. Ich
bestellte mir an der Grilltheke eine doppelte Portion Fisch mit
einem gemischten Salat. Karen isst mittags so gut wie nichts. Auf
dem Weg zu unserem Treffpunkt sah ich Wellenreiter mit ihren
Surfboards im Wasser. Einige standen so elegant und perfekt auf
dem Board und konnten jede Welle bis zum Ende perfekt ausnutzen,
ohne sich vorher vom Wasser verschlucken zu lassen. Diese
Szenerie faszinierte mich. Nur bedenklich fand ich die vielen
Felsen, die dort im Wasser verstreut lagen. Ein paar Jungs standen
auf dem Gehweg und waren dabei sich umzuziehen. Ich blieb ste-

hen und fragte: „Sagt mal, wie alt seid ihr eigentlich?"

„Sechzehn", gab einer von ihnen bereitwillig Auskunft.

„Ja, findet ihr es nicht gefährlich, zwischen diesen Felsen zu surfen?"

„Nein", wehrte er selbstbewusst ab, „wir springen vorher vom Brett". Na, hoffentlich klappt es auch immer. Ich wünschte es ihnen.

Mit der Aussicht, für die nächsten Tage nicht nur Leckeres zu essen, sondern auch satt zu werden, schlug ich Karen vor: „Was hältst du davon, wenn ich einkaufe und das Kochen übernehme?"

Sie war hellauf begeistert.

„Was wünscht du dir als Erstes", bohrte ich weiter.

„Gulasch", kam es wie aus der Pistole geschossen. Wieder stand ich staunend in einem Laden, diesmal vor einer Fleischtheke. Bei dem vielseitigen Angebot wunderte es mich, wie überteuert und qualitativ schlecht das Essen in den Restaurants war. Jedenfalls dort, wo ich auftauchte.

Sieh einer meine liebe Karen an, als ich sie fragte: „Wie viel Fleisch soll ich kaufen?" Antwortete sie: „Eineinhalb Kilo."

„So viel, für uns beide?", hakte ich sicherheitshalber nach.

„Vielleicht kommt mein Freund vorbei", argumentierte sie. Kam er aber nicht. Dafür haute sie wie ein Scheunendrescher rein. So machte Kochen Spaß!

Wie in einem Kokon kuschelte ich mich in meine neuerworbene Decke aus Mikrofasern und schlief fortan wie ein Baby.

Während ich mir eine Apfelsine von Karens Orangenbaum pflückte, unterbrach lautes Vogelgezwitscher die morgendliche Stille. Ich drehte mich um. Auf einem Baum, dessen Äste weit hinunter reichten, hatte sich eine bunte Papageienschar niedergelassen. Die australischen Loris. Sie veranstalteten ein Höllen-Spektakel. Auf diese Paradiesvögel mit ihrem grünen Federkleid, dem knallroten Hals sowie das leuchtende Blau am Kopf und Bauch, hatte ich schon lange gewartet. Ihr lautes Krakeelen hatte ich schon oft gehört. Doch weil sie sich meistens, hoch droben in den Baumspitzen, zwischen dem viel Grün versteckt hielten, waren sie bisher für meine Augen und meine Kamera unerreichbar geblieben. Mit Glenn verabredeten wir uns zum Kaffee auf dem Markplatz, ein wichtiges Treff- und Kommunikationszentrum der Stadt. Kaum hatten wir uns zu Glenn an den Tisch gesetzt, erschien ein etwa fünfzigjähriger, großer gutaussehender Mann am Tisch. Er lächelte mich an und sagte: „Hallo Moni, wie geht's?"

Erstaunt sah ich zu ihm auf. „Kennen wir uns?"

„Na klar, ich bin Bernd, wir haben uns doch mal in Hamburg bei Anna getroffen."

„Ich werd' verrückt, Bernd, das ist ja eine Überraschung!" Spontan sprang ich auf und fiel ihm um den Hals.

„Woher weißt du, dass ich in Coffs bin?", fragte ich völlig verblüfft.

„Gar nicht, reiner Zufall. Zuerst habe ich Karen entdeckt und dann sehe ich dich hier sitzen."

„Komm setz dich und trink einen Kaffee mit uns."

„Danke, aber ich muss weiter. Komm mich doch mal in den nächsten Tagen im Busch besuchen."

„Sehr gerne", erwiderte ich, „wenn Karen fährt?" Sie nickte bejahend. So schnell wie Bernd aufgetaucht war, verschwand er auch wieder. Glenn hatte derweil einige Fotos von uns geschossen. Unser Kaffee kam und unsere Unterhaltung ging ausschließlich um Anna. Glenn mochte sie sehr.

Zum Abschied lud Glenn uns für den nächsten Tag in sein Haus ein.

Glenn liebt nicht nur Menschen sondern auch sämtliche Tiere. Darunter auch Cockroaches (Kakerlaken), wovon es in dieser Gegend in der warmen Jahreszeit nur so wimmeln soll. Riesengroße mutierte Dinger, die auch noch fliegen können und durch alle Ritzen ins Haus wandern.

„Stell dir vor Mama, da hängen die Australier ihre Türen so hoch, dass auch ja das ganze Viehzeug darunter reinkrabbeln kann." Vor Ekel schüttelte Anna sich, als sie es mir erzählte. Dabei finde ich, sehen diese Käfer mit ihrem glänzenden braunen Panzer gar nicht ekelerregend aus. Doch lieben, wie Glenn, tue ich sie natürlich auch nicht.

Glenn würde nicht einem einzigen Cockroach etwas zu Leide tun. Im Gegenteil, er unterhielt sich sogar mit ihnen. Außer, dass einmal so ein mutiertes Exemplar in Karens Küche über die Spüle lief, hatte ich weiter keinen Kontakt mit diesen Tieren. Nun, es war ja auch noch kein Sommer in Australien.

Glenn war ein Sammler vor dem Herrn. Nicht nur wunderschöne alte Wand- und Standuhren, sondern auch eine alte Kuckucksuhr zählte zu seiner kostbaren Sammlung. Wertvolle Antikmöbel schmückten das ganze Haus und – es war ein großes Haus. Bücherregale, die bis unter die Decke reichten. Mir ging das Herz auf, als ich einige berühmte Werke in die Hand nahm. Es wäre Lesestoff für den Rest meines Lebens gewesen. Auch wenn Glenn rein äußerlich mit seiner knielangen Safarishorts, dem verwaschenen T-Shirt, unter dem sich ein kleines Bäuchlein abzeichnete, seinem runden Vollmondgesicht mit den roten Pausbacken und dem gerade geschnittenen Pony, wie „Klein Doofi mit Plüschohren" aussah, so war er doch ein wirklich interessanter und hochintelligenter Mann von sechzig Jahren. Stets hatte er ein liebenswertes Lächeln im Gesicht. Kein Wunder, dass sich Anna bei ihm immer so wohl gefühlt hatte. Er gehörte zu Annas engsten australischen Freunden.

Jedoch Annas bester Freund war Bernd aus dem Busch. Andauernd erzählte sie: Bernd „dies" und Bernd „das". Er war nicht nur ihr bester Freund, sondern auch ihr Guru, weil er stets die besten Ratschläge für Anna parat hatte. Bernds Zuhause ist weitab von der Zivilisation. Mitten im Busch. Also auf in den Busch.
Karen kutschierte mich gern durch die Lande. Für sie war es eine willkommene Gelegenheit, raus zu kommen, denn viel war nicht los in Coffs. Dafür zahlte ich das Benzin und das Essen in den Restaurants.
Karen entschied sich für die geteerte Nebenstraße. Sie fuhr nicht gern den Pazific Highway. Dort sind ihr zu viele LKW`s unterwegs. Besonders abends, wenn diese riesigen Brummis mit Überlänge vermehrt auftauchen. „Du kannst dir nicht vorstellen, wie rücksichtslos die LKW-Fahrer sind. Dicht gedrängt fahren sie hintereinander. Wenn du Pech hast und du gerätst zwischen zwei, hast du die Arschkarte gezogen. Überholen geht nicht, weil sie zu schnell dahinbrausen. Dann fühlst du dich in deinem kleinen Auto wie eingeklemmt, kannst nichts sehen und bist hochkonzentriert, deine Spur zu halten. Bevor du dann endlich unversehrt dein Ziel erreicht hast, stirbst du, schweißgebadet, tausend Ängste."
„Aber es muss doch auch bei euch Geschwindigkeitsbegrenzungen und Verkehrskontrollen geben?"

„Selten, aber das interessiert sowieso keinen Brummi-Fahrer. Sobald Kontrollen unterwegs sind, warnen sie sich gegenseitig."

Irgendwann bog Karen links in eine schmale Landstraße. Bauernland säumte nun unsere Straße. Nach einer Weile fuhr Karen rechts auf einer Schotterpiste weiter. Kurze Zeit später standen wir vor einer riesengroßen Sandkuhle. „Sind wir da?" Ungläubig schaute ich in das tiefe Loch.

„Nein, natürlich nicht, ich glaube, wir sind verkehrt." Irritiert wendete sie den Wagen und fuhr die Schotterpiste zur Straße zurück. Unsicher geworden, fuhr sie bei der nächsten Gabelung lieber auf der festen Straße weiter. Längst waren wir im tiefsten Buschland eingetaucht, als ich abermals Karen fragte: „Meinst du, wir sind hier richtig?" Karens Nervosität stieg von Minute zu Minute. „An und für sich hätte schon längst ein Schild kommen müssen, wo Bernds Anwesen drauf steht."

Nun ging es auch noch stetig bergan, und die Straße wurde uneben und holprig.

„Bist du letztes Mal auch so lange rumgegurkt?"

„Eigentlich nicht, aber es ist auch schon eine ganze Weile her, dass ich hier war."

„Wie viel Benzin hast du noch im Tank, nicht dass wir noch hier im dichten Dschungel stecken bleiben."

Sicherheitshalber kehrten wir um und fuhren bis zur letzten Gabelung zurück. Dort versuchten wir unser Glück auf dem von Schlaglöchern übersäten Feldweg. Ich hatte die Hoffnung, Bernds Paradies zu sehen, schon fast aufgegeben, da versperrte ein großes Eisentor unseren Weg. Ein Schild mit dem schönen Namen „Morning Sky" stand ein wenig versteckt zwischen den Bäumen. „Juchhu, das ist es", schrie Karen vor Erleichterung, „Moni, steig aus und öffne bitte das Tor. Ein schmaler Waldpfad führte direkt auf eine kleine Lichtung. Dort stellte Karen ihr Auto ab. Stetig bergan, gingen wir das letzte Stück zu Fuß.

„Das glaub ich nicht, was ich hier sehe, das ist ja Robinson Crusoe in Großformat", staunend schaute ich Karen an, die auch völlig überrascht da stand. Denn seit Bernd in sein neues Haus eingezogen ist, war sie nicht wieder hier gewesen.

Ein wunderschönes Baumhaus! Kein Haus in einem Baum, sondern ein Haus aus Bäumen. Bernd hatte einfach ganze Baumstämme genommen, mitsamt der Gabel, in denen er die Querbalken befestigte. Nur das Dach war aus Wellblech. An dessen Seiten leiteten zwei Blechrohre das Regenwasser in zwei siloähnliche Blechtonnen. „Brunnen gibt es hier nicht", bemerkte Bernd, als er uns, stolz wie Oskar, sein Naturhaus zeigte. Mir fielen die kleinen Plastikflaschen ein, die in den Regalen der Supermärkte standen. „Original Regenwasser" stand drauf. Dreidollarfünfzig gekühlt und Zweidollarfünfzig ungekühlt.

Über ein paar Stufen erreichten wir die überdachte Veranda, die fast ums ganze Haus verlief und betraten den offenen Wohnraum. Nur die Schlafstatt für den Hausherrn war ein in sich geschlossener Bereich. Über eine schmale Stegleiter krabbelte ich auf eine Empore, das Schlaflager für Gäste mit einem gigantischen Ausblick über die Baumwipfel des angrenzenden Waldes. Beim Kräutertee-Schlürfen fühlte ich ein dringendes Bedürfnis aufkommen.

„Bernd, ich muss mal auf die Toilette, hast du überhaupt eine?", fiel ich mit der Tür ins Haus.

„Und was für eine, du musst nur ein bisschen laufen."

„Laufen?", verwundert und ein wenig argwöhnisch schaute ich ihn an. „Ja", mit einem Hauch von Abenteuer im Gesicht fuhr er fort, „sie steht im Wald."

„Wa…s? Mitten im Wald?", ich dachte, ich höre nicht richtig. Er zeigte in Richtung Busch. „Du gehst über den Rasen, nimmst den Trampelpfad, der in den Wald führt, dann läufst du direkt drauf zu." Unsicher geworden, machte ich mich auf die Socken.

„Keine Angst, da kommt niemand vorbei", rief er mir hinterher.

„Wieso, ist es kein Toilettenhäuschen?", ruckartig blieb ich stehen.

„Geh nur. Dort gibt es niemand, der dich sehen könnte", beruhigte er mich.

Meine Blase drängte zur Eile. Ein kleines Kunstwerk von einem Plumpsklo stand mitten im Wald. Erinnerungen aus meiner Kindheit wurden wach. Damals standen auch noch überall auf dem Lande die verschiedenartigsten Holzhäuschen mit einem Herz in die Tür geschnitzt.

Aber Bernds Donnerbalken war wohl das ungewöhnlichste, was ich je zu Gesicht bekam. Zwischen Eukalyptusbäumen und Gestrüpp stand ein ausgehöhlter Baumstamm über einem selbst gebuddelten

Loch im Erdreich. Der krönende Luxus war der Kloholzsitz aus dem Baumarkt. Daneben ein kleiner Holzstamm, an dessen Ast eine Klorolle hing. Ein weiterer ausgehöhlter Holzstamm diente als Behälter für Holzspäne. Das Wellblechdach wurde von vier Holzstangen gehalten, so war dieses Buschklo nach allen Seiten offen. Ich glaube, so schnell war ich noch nie mit dem Pinkeln fertig. Nicht, weil das Klo unbequem war, nein, es war die pure Angst. Akribisch genau beobachtete ich die Umgebung. Was wäre, wenn plötzlich ein Tier aus dem Busch springt oder eine Schlange angekrochen kommt, dagegen wäre ja ein Mensch, der mich beobachten könnte, lachhaft. Überglücklich wieder bei den anderen zu sein, erzählte ich Bernd von meinen Befürchtungen. Wieder huschte ein verschmitztes Lächeln über sein Gesicht, als er mich beruhigte:

„Gefährliche Tiere nicht, aber jeden Abend, bevor es dunkel wird, tauchen dort Kängurus auf, weiß du, die kleinere Sorte, die Wallabys heißen. Sie toben dort herum. Außerdem hat sich eine Wallaby-Mutter den Platz direkt vor dem Klo als Entbindungsstation ausgesucht."

„Auch wenn jemand auf der Toilette sitzt?"

„Das stört sie nicht im Geringsten, sie ignorieren dich einfach." War ich froh, dass er es mir nicht vorher erzählt hatte.

„Weiß du Moni, meine Mutter hat überhaupt keine Schwierigkeiten, die Toilette zu benutzen, wenn sie mich einmal im Jahr besucht. Und stell dir vor, am liebsten schläft sie in der Hängematte auf der Veranda."

„Wie alt ist denn deine Mutter?", ich war wissbegierig.

„Sechsundachtzig Jahre."

„Wie bitte?" Mir fiel die Kinnlade runter. Das konnte ich mir beim besten Willen nicht vorstellen – noch mit sechsundachtzig Jahren diesen ewig langen Flug nach Australien witzig zu finden, auf einem Buschklo zu sitzen und in einer Hängematte zu schlafen. Bevor wir uns von Bernd verabschiedeten, zeigte er uns das Gelände rund ums Haus. Mitten im Busch hatte Bernd auf dem oberen Teil eines Hügels den Wald gerodet und sein Traumhaus drauf gebaut.

„Wie groß ist dein Grundstück eigentlich, Bernd?"

„175-tausend Morgen."

„Kann ich mir, ehrlich gesagt, außer, dass es riesengroß sein muss, nicht vorstellen."

„Drei Kilometer lang und zwei Kilometer breit. Kommt, ich zeig euch, wie alles angefangen hat, als ich mir das Land vor fünfundzwanzig Jahren gekauft habe. Obwohl - Karen kennt es bereits." Wir folgten ihm den kleinen Hang hinunter und blieben vor einem windschiefen Schuppen stehen. „Das war meine allererste Behausung. Mehr als ein Dach überm Kopf war es nicht." Ein vorne offener Holzverschlag, der auf nackter Erde stand. Der Wind konnte durch alle Ritzen pfeifen. An den Wänden hingen schiefe Regale. Ein klapperiger Stuhl stand verstaubt in einer Ecke. Ein selbstgebasteltes tischähnliches Gestell stand in der anderen Ecke. „Und wo hast du geschlafen?"

„Je nach Wetterlage, mal draußen, mal drinnen, aber immer in einer Hängematte. Wegen der Tiere." Was für ein Naturbursche. Anna kam mir wieder in den Sinn, wie sie stets sagte – Bernd dies und Bernd das. Schön, so einen Menschen als Freund zu haben, sinnierte ich weiter. Es war ein unvergesslicher Tag.

Endlich wollte Karen mir ihre Bilderausstellung in der alten Butterfabrik in Bellingen zeigen. Ein typisch englischer Ort, nicht weit von Coffs entfernt, der sich seit seiner Entstehung vor ungefähr 120 Jahren kaum verändert hatte. Heute dienen die alten Fabrikhallen der einstigen Butterfabrik, den Künstlern als Ausstellungsräume. Karen hatte sich einen Raum mit einem anderen Künstler geteilt. Erstaunlich, dafür, dass Karen sich erst seit sieben Jahren mit der Kunst beschäftigte, malte sie bereits fantastische Bilder. Ich war nicht nur überrascht, sondern auch hellauf begeistert. Ob Blumen- oder Obstmotive sowie ihre Landschaftsbilder, stets nahm sie kräftige Öl- oder Wasserfarben. Ich konnte mich gar nicht satt sehen an diesen wunderschönen Bildern. Ich nahm mir vor, eins von ihren kleineren Bildern zu kaufen und mit nach Deutschland zu nehmen.

Bevor wir wieder nach Coffs zurückfuhren, besuchten wir Gerd auf seinem Anwesen in den Hügeln von Bellingen.

Ein großes Schild mit dem reizvollen Namen „Bella Casa" stand unverkennbar neben dem Eingangstor. Zwischen hohen Eukalyptusbäumen führte ein Kiesweg auf eine Anhöhe. Dort parkte Karen ihr Auto.

Wow…, vor uns stand ein Prachtexemplar von einem Haus im toskanischen Stil, umrahmt von Zypressen, inmitten einer gepflegten Parklandschaft. „Hat Gerd selbst gebaut", bemerkte Karen, als ich sprachlos davor stand. Ein Stückchen Toskana in den Hügeln von Bellingen. Gerd musste uns längst bemerkt haben. Mit eiligen Schritten kam er direkt auf uns zu.

„Willkommen auf Bella Casa, ich bin Gerd", er streckte mir seine Hand entgegen.

„Moni, die Mutter von Anna", stellte ich mich vor, in der Hoffnung, er kennt sie. Er kannte sie. Dann nahm er Karen in seine Arme und begrüßte sie aufs Herzlichste. Selten bin so einem strahlenden Menschen begegnet. Wir folgten ihm über eine Terrasse in die Empfangshalle. Kostbare Teppiche auf Terrakotta-Fliesen dämpften unsere Schritte. Geschmackvolle italienische Stilmöbel schmückten den Raum. Wertvolle Gemälde hingen an den Wänden. Mir lief das Wasser im Munde zusammen, als wir mit Gerd die große Wohnküche betraten. Es duftete nach frisch gebackenem Kuchen. Ein Puffer stand mitten auf dem Tisch und lachte mich an. „Ist der selbst gebacken?", fragte ich neugierig.

„Ja", antwortete eine Frauenstimme. Susan, Gerds Frau, hatte gerade den Raum betreten. Auch sie begrüßte uns auf Herzlichste. Ein interessantes Paar. Gerd kommt aus Schleswig-Holstein und Susan, ursprünglich englischer Abstammung, aus Südafrika. Wir machten es uns auf der Terrasse bequem und genossen Tee aus wertvollen englischen Porzellantassen mit Rosenmuster. Ungeniert verdrückte ich gleich mehrere Stücke von dem leckeren selbstgebackenen Kuchen.

„Und, was machst du so, wenn du nicht auf Reisen bist", wandte Gerd sich an mich.

„Ich schreibe Bücher."

„Ah, interessant, was schreibst du denn."

„Touristische Bücher, genauer gesagt, über Reisen für Singles."

„Das wird ja immer interessanter, dann hast du bestimmt schon einen Bestseller geschrieben."

„Ich…? Einen Bestseller? Leider nein! Ja, wenn ich ein Buch über Feuchtgebiete geschrieben hätte…", platzte es einfach so aus mir heraus.

„Feuchtgebiete?", wiederholte Gerd, „was meinst du mit Feuchtgebiete? Wie kann man darüber einen Bestseller schreiben?" Ich konnte direkt Gerds Gedanken über feuchte Auen- und Moorlandschaften erraten.

„Damit sind die Feuchtgebiete einer Frau gemeint."

„Was…? Und darüber gibt es ein Buch?" Ungläubig und mit einem breiten Lächeln zugleich, schaute er mich an und wollte nun mehr erfahren. „Erzähl!"

„Was soll ich dir erzählen? Ich habe das Buch doch gar nicht gelesen. Ich kenne es nur vom Hörensagen. Es war in Deutschland in aller Munde. Nur weil eine Schriftstellerin detailgetreu ihre Schlafzimmer-Geheimnisse beschreibt. So was ziehen sich manche Leute gierig rein. Ein gefundenes Fressen auch für die Presse."

„Ja, warum schreibst du dann nicht auch über solche Themen, ich meine, wenn Leute so was lesen wollen?" Herausfordernd sah er mich mit seinen lustigen blauen Augen an.

„Meine Feuchtgebiets-Erlebnisse behalte ich lieber für mich. Außerdem sind die bestimmt nicht obszön genug, dass es andere Menschen interessiert." Damit war dieses Wort für Gerd noch lange nicht erledigt. Egal, welches Thema wir beim Schopf hatten, stets fand er ein Gleichnis. Er wurde immer erfinderischer, um dieses Wort in unsere ganz normale Unterhaltung einfließen zu lassen. Ohne, dass es anstößig wirkte. Währenddessen flitzte Susan ständig im Haus hin und her. Denn neue Gäste waren angereist. Im hinteren Anbau hatte Gerd luxuriöse Gästezimmer eingerichtet. Sie blieb verwundert stehen und fragte:

„Sag mal, worüber lacht ihr eigentlich die ganze Zeit?"

„Über Feuchtgebiete, mein Schatz", gab Gerd prompt zurück.

„Feuchtgebiete? Was gibt's denn darüber zu lachen?"

„Viel mein Schatz, aber das erklär ich dir später", und drückte ihr einen Kuss auf die Wange." Sie schüttelte nur mit dem Kopf und verschwand wieder ins Haus.

Bevor wir uns auf den Heimweg machten, zeigte Gerd uns noch Haus und Hof. Blumen- und Pflanzenkübel sowie Amphoren und wunderschöne weiße Tonfiguren schmückten den lauschigen Innenhof. Unterhalb eines schmiedeeisernen Balkongitters spuckte eine Tonfigur Wasser in den Brunnen.

Ich dachte an Romeo und Julia. Es wäre die perfekte Kulisse für die beiden gewesen. Wir schritten durch einen Säulengang und gelangten durch einen Torbogen wieder ins Haus. Plötzlich übertönte lautes Gequake unser Geschnatter. Perplex blieb ich vor einem kostbaren Gemälde stehen. „Gerd, was ist das?" Wieder huschte ein verschmitztes Lächeln über sein Gesicht.

„Unsere Haustiere", sagte er überzeugend.

„Wa…s, hinterm Bild?", mit weit aufgerissenen Augen schaute ich ihn an.

„Ja, dort wohnt eine Froschfamilie und nicht nur das, sie bekommen dort auch ihren Nachwuchs."

„Himmlisch, ich liebe Frösche. Lassen sie sich auch mal blicken?"

„Ja sicher, wenn alles still ist, kommen sie auch schon mal hervor und sitzen auf dem Bilderrand. Ich habe sie sogar schon fotografiert. Es sind fantastische Bilder geworden. Leider weiß ich im Moment nicht, wo sie sind, sonst würde ich sie euch zeigen."

Ein verrücktes Land – singende Verkehrsschilder, ein Buschklo, vor dem die Wallabys ihre Babys zur Welt bringen und Frösche, die ihr Zuhause hinter einem kostbaren Gemälde gefunden haben. Ich liebe Überraschungen!

Beide, Susan und Gerd brachten uns zum Auto. Mit großem Hallodri verabschiedeten wir uns. Karen musste versprechen, bald mal wieder vorbei zu schauen.

„Moni, am Dienstagabend treffe ich mich mit einer philosophischen Gruppe, hast du Lust mitzukommen?", wollte Karen von mir wissen.
„So, über was philosophiert ihr denn?"
„Das Übliche, über Gott und die Welt."
„Ich weiß nicht recht, eigentlich habe ich im Moment keine große Lust aufs Philosophieren. Nach einer Weile meinte Karen: „Da draußen, wo ich hinfahre, treiben sich viele Wallabys rum."
„Ja?", ich wurde hellhörig.
„Außerhalb des Ortes Emerald Beach liegt ein Naturschutzgebiet, in dem es nur so von Wallabys wimmelt. Kurz bevor es dunkel wird, kommen sie alle aus dem Busch hervor."
„Überredet, ich bin dabei", dieses Spektakel wollte ich mir und meiner Kamera nicht entgehen lassen.
Karen fuhr durch den Ort Emerald Beach bis zur Landzunge, die tief ins Meer hineinreichte. Am Straßenrand kurz vor dem Naturschutzgebiet hielt sie an. Ganze Wallaby-Familien tummelten sich auf der Straße, als gehörte sie ihnen. Und es wurden immer mehr, die links und rechts aus dem mannshohen Busch hüpften. Vorsichtig näherte ich mich den possierlichen Tierchen. Hielt aber trotzdem noch einen gewissen Abstand. Sie taten so, als sähen sie mich gar nicht. Wie selbstverständlich lief eine Joggerin zwischen den Wallabys ihres Weges.
„Haben Sie keine Angst?", fragte ich die Frau, als sie an mir vorbei lief.
„Nein, die kennen mich schon, ich laufe jeden Abend zur selben Zeit hier", rief sie mir zu, während sie weiter lief.
„Beeil dich", rief Karen aus dem Auto, „wir müssen los!" Sie war im Auto sitzen geblieben.

Gespannt blickte ich in die Runde. Bis auf Richard, ein gebürtiger Australier, waren die anderen sechs aus Europa. Schnell war eine hitzige Diskussion über Gott und die Welt in Gange. Irgendwann ergriff Richard das Wort und behauptete doch tatsächlich, er sei

Gott und könne so alles im Leben erreichen. Man muss es gedanklich nur wollen. Die meisten unter den Herrschaften teilten seine Meinung. Ich hatte das Gefühl, ich sitze zwischen lauter selbsternannten Göttern. Hier fühlte ich mich definitiv am verkehrten Ort. Das war ja nun gar nicht meine Wellenlänge. Als alle ihren Senf dazu gegeben hatten, drehte Richard sich auch noch zu mir und schlug vor: „So, Moni, jetzt bist du an der Reihe. Wir möchten gern deine Meinung zu diesem Thema hören."

„Ich? Lieber nicht", winkte ich ab.

„Wieso nicht?"

„Aber ich sagte doch, nein! Ich behalte meine Meinung lieber für mich", ich war bockig.

Er ließ nicht locker, meinen Widerstand schien ihn noch mehr zu reizen. Auch die anderen schauten mich erwartungsvoll an. „Okay! Zwar habe ich nicht alles verstanden, was ihr gesagt habt, aber was ich verstanden habe, reicht mir. Wie kann man behaupten, man sei Gott und kann dadurch alles im Leben erreichen. Und wenn man für den Rest der Welt betet, kommt alles auf die Reihe. Ihr erinnert mich an Blumenkinder. Wenn keiner arbeiten würde, hätte auch der Staat kein Einkommen. Außerdem bete ich auch für mein und das Wohl anderer Menschen. Aber ohne arbeiten, ne, da läuft nichts!"

Richard fiel nichts anderes ein, als pausenlos zu lachen. Manchmal haute er sich dabei richtig auf die Knie. Keiner in der Runde schien mich ernst zu nehmen. Am liebsten wäre ich raus gelaufen, aber ich war ja von Karen abhängig. Sie saß ganz still auf ihrem Sessel und hatte den ganzen Abend kaum geredet.

Dann legte Richard mir ein Buch vor die Nase, das er selbst geschrieben hatte.

„GIVE IT NO THOUGHT" stand darauf. Was soviel bedeutet – Verschwende keinen Gedanken daran.

„Hier, das solltest du mal lesen, dann wirst du uns besser verstehen."

Sieh da, er wollte für 73 Buchseiten 15 AUD haben. Also umsonst macht er auch nichts. Ich gab ihm das Geld und versprach ihm, es zu lesen. Denn neugierig bin ich allemal.

Wiederholt habe ich es durchgelesen, aber richtig verstanden habe ich es bis heute nicht. Vielleicht lag es daran, dass es in australischem Englisch geschrieben wurde.

Später in Deutschland fiel es mir wie Schuppen von den Augen, als ich Richards Buch in den Händen hielt. Auf dem Umschlag ist ein Clown in einer lustigen Pose abgebildet, die zu sagen scheint „Na und?" Meint er vielleicht das damit?

Karen scheint eine Schwäche für außergewöhnliche Freundschaften zu haben. Jeden Donnerstagnachmittag trifft sie sich, in einem Café am Markplatz, mit einer weiteren spleenigen Gruppe. Eine Clique von mehreren Frauen, die auch alle aus europäischen Ländern stammen und hier in ihrem Traumland irgendwann einmal gelandet sind. Vier Frauen saßen bereits am Tisch, als wir uns dazu setzten. Mich wunderte, dass sie ihren Kaffeebecher umgestülpt auf den Unterteller gestellt hatten. Auch Karen drehte ihren Becher um, als sie ihn leer getrunken hatte. Meine Neugierde war nicht zu bremsen.
„Was hat das zu bedeuten?", ich wies mit der Hand auf die umgestülpten Becher. Eine vollschlanke Dänin, die ihre langen blonden Haare zu zwei dicken Zöpfen geflochten hatte, betrachtete das Innenleben ihres Bechers und erklärte:
„Na, daraus lesen wir uns die Zukunft für die nächste Woche."
„Wie bitte, wie geht das?"
„Schau", sie zeigte mir das Innenleben ihres Bechers.
Café Macchiato musste vorher drin gewesen sein. Der Rest der aufgeschäumten Milch hatte beim Umstülpen ein bizarres Muster hinterlassen.
„Das ist jetzt aber nicht euer Ernst, oder?", ungläubig schaute ich zu Karen herüber. Auch sie schaute mit ernster Miene in das Innenleben ihres Bechers.
„Das machen wir jeden Donnerstag und was meinst du, Moni, was schon alles eingetroffen ist", sagte sie treuherzig.

Mit einem Zug trank ich meinen restlichen Kaffee aus und stülpte den Becher um. Nach einer Weile zeigte ich das Innenleben meines Bechers in die Runde und triumphierte:
„Seht her, in meinen Becher ist nichts zu sehen, rein gar nichts, das heißt, mich erwartet eine glatte Woche, ohne besondere Vorkommnisse. Hab ich aber Glück." Alle nickten bejahend. Dabei hatte ich normalen Kaffee ohne aufgeschäumte Milch getrunken. Was für ein Humbug!

Walewatchtime! Endlich wollte ich diese großen Riesen im Meer tummeln sehen. Und zwar so, wie sie hochschnellen, nach Luft schnappen, um danach wieder kopfüber in die tiefen Gründe des Meeres abzutauchen. Nicht ohne vorher mit ihren großen Schwanzflossen eine Wasserfontäne zu erzeugen. Doch Pustekuchen. Auch wenn der Kapitän des Schiffes genau die Routen dieser Riesen kennt und ihnen auf den Fersen war. So machen die noch lange nicht, was wir Menschen von ihnen erwarten. Immer wieder neu annoncierte der Kapitän: "Seht dort, Steuerbord tummelt sich gerade eine Walfamilie", oder, „gehen Sie rüber nach Backbord, dort schwimmt gerade ein Weibchen mit ihrem Kind." Die Kamera zum Abdrücken bereit und mit hochrotem Kopf vor Aufregung, rannte ich wie besessen von einer Ecke des Schiffes zur nächsten. Doch an diesem Vormittag schnellte keiner der Wale aus dem Wasser empor. Sie tummelten diskret unter der Wasseroberfläche. Mehr als ein Stück von Buckel und der Rückenflosse waren nicht zu sehen. Schade!

Bananenmetropole wird Coffs Harbour auch genannt. Weil dort angeblich viele Bananen wachsen. Komisch, wo waren die denn, die habe ja gar nicht gesehen. Wahrscheinlich wird sie wohl auch so genannt, weil das „Big Banana" dort steht. Ein cleverer Geschäftsmann kam auf die Idee, zuerst eine Bananenplantage anzupflanzen. Danach ließ er die größte künstliche Banane der Welt aus Beton bauen. Oder war es umgekehrt? Von weitem schon ist diese überdimensionale Banane sichtbar und wenn man auf dem Pazifik Highway fährt, kommt man direkt dran vorbei. Rund um die künstliche Banane wurde ein jahrmarktähnliches Amüsement nach amerikanischem Muster errichtet. Wahrscheinlich stellt dieses große Amüsementareal die echten Bananen in den Schatten. Karen hatte eine viel bessere Idee, wo wir hinfahren könnten, anstatt uns am Big Banana zu verlustieren.

Jacaranda-Stadt, Grafton! War das Zauberwort.
„Hört sich super an", freute ich mich über Karens Vorschlag. Obwohl ich bis dato nicht mal wusste, wie Jacarandablüten überhaupt aussehen. Viel mehr faszinierte mich die Aussicht, wieder mal zig Kilometer durch diese schöne Landschaft kutschiert zu werden.

Doch dann überraschte mich ein einziger violetter Blütentraum. Bereits kurz vor der Grafton Brücke, die über den Clarence River führt, drosselte Karen die Geschwindigkeit. Mir stockte der Atem – Bäume, deren Äste unter der Last der violetten Blütentrauben tief nach unten hingen, beherrschten das Stadtbild. Ganze Straßenzüge befanden sich bei strahlendem Sonnenschein und tiefblauem Himmel im Blütenrausch. Ein kluger und weitsichtiger Bürgermeister ließ 1879 hunderte Jacarandabäume pflanzen. Weil Grafton nicht direkt am Meer liegt, sollten die Blüten nicht nur die Stadt im Frühling verschönern, sondern das Laub der Bäume kühlen Schatten spenden. Unbeschreiblich, wie ein einziges violettes Blütenmeer die gesamte Stadt überflutete. Das wird mir immer in Erinnerung bleiben.

Am Sonntagnachmittag hieß es dann für mich, Abschied nehmen von Karen und Coffs. Im Gepäck ein paar zuckersüße Orangen und eines von Karens selbstgemalten Bildern. Es stand in einer Ecke in meinem Zimmer. Die Farben machten mich neugierig:
Die untergehende Sonne tauchte den Himmel in ein rotviolettes Licht. Schwarz leuchtete der Busch im Schatten der dunkelgrauen Hügelkette. Von ockerfarben bis ins Rötliche schimmerte der Sand des Outbacks. Wildgänse, auf der Suche nach einem Rastplatz, ließen das Bild so lebendig erscheinen." Ich war begeistert und nannte das Bild – Abendstimmung am Rande des Outbacks.
„Das kaufe ich dir ab", schlug ich Karen vor.
„Oh, no", wehrte Karen ab, „ausgerechnet dieses Bild ist eines meiner ersten selbstgemalten Bilder. Es hat noch zu viele Fehler!"
„Fehler? Ich sehe keine Fehler. Ich finde es wunderschön. Dieses Bild verkörpert Australien." Ich gab ihr 200 Australische Dollar und sagte: „Das oder keins!" Sie gab nach.
„Du solltest öfter Bilder über Australien malen", gab ich ihr den Rat, „schon allein für die vielen Touristen, die hier im Sommer nach Coffs kommen."

Die Zeit mit Karen war wie im Fluge vergangen. Wir hatten viel gemeinsam unternommen, viel gelacht und viel geredet. Selbst an der Bushaltestelle hatten wir uns noch viel zu erzählen. Dann kam auch schon der Greyhound. Eine letzte herzliche Umarmung, tausendmal Danke für die unvergesslichen Tage und ich stieg wieder mal in den Bus.

Und schon war ich wieder auf Achse!

„In gut einer Stunde wird es dunkel", sagte die vollschlanke junge Frau in der Rezeption des kleinen Motels „Le George" in Port Macquarie. Während wir beide mit unseren Köpfen über dem Stadtplan hingen, räusperte sich jemand hinter uns und sagte: „Guten Abend, darf ich mal kurz stören!"

„Einen kleinen Moment bitte, ich will der Autorin aus Germany nur noch schnell einiges von Port Macquarie erklären, damit sie noch möglichst viel im Hellen zu sehen bekommt."

„Ah…, Sie sind Autorin, interessant. Übrigens, mein Name ist David, ich bin Fotograf und freue mich, Sie kennenzulernen", er reichte mir seine Hand. „Angenehm, mein Name ist Moni."

„Über was schreiben Sie Moni?"

„Touristik, über Australien zum Beispiel."

„Da fällt mir ein, morgen habe ich einen Fototermin am historischen Court House, dem Gerichtsgebäude. Der Historiker Mitch hält dort einen Vortrag über die Geschichte des alten Gebäudes. Wenn Sie Lust haben, kommen sie doch auch vorbei."

„Hört sich gut an, danke, ich komme gern."

Haben Sie schon diese schöne Wandmalerei gesehen?", fragte David mich, während er auf die Wand neben der Rezeption zeigte. In überdimensionaler Größe war ein offener Bibliotheksraum aus alten Tagen zu sehen.

„Sieht nicht nur phantastisch, sondern auch sehr lebendig aus", bemerkte ich anerkennend.

„Das ist mein Werk", ertönte eine Stimme im Hintergrund.

„Sie…? Sie sind die bekannte Malerin Ireen?", überrascht schaute der Fotograf zu Ireen rüber. Klein und rundlich, wirkte sie hinter der Rezeption eher wie eine biedere Hotelangestellte und nicht wie eine Künstlerin.

„Ja, die bin ich", antwortete sie selbstbewusst.

„Kompliment, Sie haben unsere Stadt mit ihren Wandmalereien nicht nur verschönert, sondern auch ein ganz besonderes Flair gegeben. Und zu mir gewandt, fragte er: „Ja Moni, haben Sie denn nicht an der Hotelaußenwand die toskanische Landschaft gesehen?" Hatte ich nicht. Holte es aber sofort nach. Beim Betrachten dieses gewaltigen Wandbildes von der Toskana fielen mir Karens Worte ein: „Lebten mehr Italiener in unserer reizenden Hügellandschaft, hätten wir bestimmt mehr italienisches Flair." Hier in Port

Macquarie hatte eine australische Künstlerin das italienische Flair auf Hauswände und Mauern der Stadt gezaubert.

Eine Gruppe von zehn Personen stand bereits vorm Court-House, als ich eintraf. Mit großen Schritten kam David auf mich zu und begrüßte mich, als sei ich eine alte Bekannte:

„Kommen Sie, Mitch möchte Sie unbedingt kennenlernen." Auch Mitch begrüßte mich sehr herzlich.

Während Mitch seinen Vortrag vom altehrwürdigen Gebäude hielt, schoss David unentwegt seine Fotos. „Für das nächste Touristenjournal", bemerkte er, während er auch mich verewigte. „Falls Sie heute nichts weiter vor haben, würde ich Ihnen gerne meine Stadt zeigen", schlug Mitch mir am Ende seines Vortrages vor.

„Ja, haben Sie denn Zeit?" Ich war baff, damit hatte ich nun gar nicht gerechnet.

„Zufälligerweise ja, heute habe ich keine weiteren Termine."

Einen professionellen Stadtführer für den Rest des Tages. Mehr Glück konnte ich gar nicht haben.

Mit einer Sträflingssiedlung fing im Jahre 1821 in Port Macquarie alles an. Ein paar Jahre später durften dann die Sträflinge aus Groß Britannien, die St. Thomas Kirche bauen. Der Blick vom Glockenturm auf die Stadt und das grüne Umland sowie die weißen Strände und das endlose blaue Meer war überwältigend. Aufgrund seiner Lage und dem schönem Umfeld ist die heutige Hafenstadt Port Macquarie ein beliebtes Ferienzentrum. Weil man ja in sechs Stunden nicht alles sehen kann, zeigte mir Mitch zunächst die historischen Plätze der Stadt. Danach fuhren wir einige Kilometer außerhalb der Stadt ins Camden Haven Gebiet. Wie auch in Byron Bay strahlte hier, hoch oben über dem Meer, auf einem Hügel, ein schneeweißer Leuchtturm mit dem sagenhaft blauen Himmel um die Wette. Tief unter uns floss das Delta des Flusses Camden Haven ins offene Meer. Mein Blick schweifte bis zum Horizont, wo der tintenblaue Pazifik mit dem strahlend blauen Himmel aufeinander stieß. Wie ein schneeweißes Band bildete der Strand die natürliche Grenze zwischen dem Meer und dem grünen Hinterland. Kleine Seen bildeten dunkelblaue Farbtupfer zwischen dem dunkelgrünen Busch. Es ist ein Paradies für Angler, erklärte Mitch. Kein Wunder, dass auch die Gleitschirmspringer diese atemberaubende

Landschaft für sich entdeckt hatten. Ich bekam Gänsehaut beim Anblick dieses traumhaften Fleckchens Erde mit seiner verschwenderischen Farbkulisse.

Auf einer Parkbank pickte ein Kookaburra, der australische Nationalvogel, Brotkrümel, die Ausflügler hinterlassen hatten. Obwohl er als äußerst scheu gilt, durfte ich ihn von allen Seiten fotografieren. Danke! Nach einer Mittagspause in einem lauschigen Waldrestaurant bekam ich meine ersten Koalas zu Gesicht. Wir hatten den rechten Zeitpunkt erwischt, als wir im Koala Hospital von Port Macquarie eintrudelten, es war Futterzeit. Sie wurden liebevoll von den Pflegerinnen mit einer Milchflasche gefüttert. Danach suchten sich diese Faulpelze gleich wieder ein stilles Eckchen hoch oben im Eukalyptusbaum, um den restlichen Tag zu verpennen. Die Zeit zerrann wie im Fluge. Wieder verabschiedete ich mich von einem netten Menschen, dem ich diesen wunderschönen Tag zu verdanken hatte.

Auf zu neuen Ufern und schon war ich wieder auf Achse!
Das laute Rattern meiner Kofferrollen erschütterte die morgendliche Stille der noch schlafenden Stadt, es war kurz nach fünf Uhr. Ein Ehepaar, das gerade aus einer Haustür kam, sah mich vorwurfsvoll an. Ich hob meine Schultern und sagte: „Sorry, es ist das holprige Straßenpflaster."
„Oh, it´s okay", erwiderten sie versöhnend, „once in the blue moon" Was soviel bedeutet – wenn es selten vorkommt, ist es schon in Ordnung. Lächelnd verabschiedeten wir uns.

Verstreut lagen Rucksäcke und Reisetaschen auf dem Gehweg der Bushaltestelle. Völlig verschlafen sahen deren Besitzer aus. Die jungen Leute waren garantiert nicht früh schlafen gegangen. Wenn auch in den Backpackers ab zehn Uhr abends Ruhezeit angesagt ist, Musikkneipen finden sich meistens in deren Nähe. Wieder ergatterte ich einen Platz ganz vorn im Bus. Die jungen Leute verkrümelten sich, wie erwartet, hinten im Bus und schliefen weiter. Ich genoss lieber den Panoramablick auf eine der reizvollsten Regionen Australiens. Diesmal fuhr ich bis Newcastle und war somit nur noch 120 km von meinem Endziel, Sydney, entfernt.
Unschlüssig, wie es weitergehen soll, ging ich zunächst vom

Busbahnhof rüber zum Hauptbahnhof, der gleich nebenan lag. Ich staunte nicht schlecht, als ich die großen Lettern auf einem Schild entdeckte: „Gepäckaufbewahrung". Also gibt es sie doch! In Australien. Mit einem Seufzer der Erleichterung nahm ich mein Gepäck und ging schnurstracks zum Schalter. „Bitte klingeln", stand an der geschlossenen Fensterlade. Ein Mann von kräftiger Statur schob die Lade beiseite und schien sich zu freuen, endlich Kundschaft zu bekommen. Bevor ich meinen Koffer abgab, fragte ich ihm um seine Meinung: „Was meinen Sie, sollte ich lieber zwei Nächte in Newcastle bleiben und von hier aus Tagesausflüge nach Port Stephens unternehmen? Oder gleich dorthin fahren?" Er holte einen Plan von Port Stephens hervor und zeigte mit dem Zeigefinger auf Nelson Bay, der größte Ort, der gleich am Anfang der Bucht von Port Stephens lag und schlug mir vor: „Fahren Sie dorthin. Es ist ein hübscher und zentral gelegener Urlaubsort. Von dort können Sie mit dem Bus oder mit einer Fähre weitere verträumte Orte, die an der großen Bucht von Port Stephens liegen, aufsuchen."

Es war ein Witz, was ich für drei Tage Kofferaufbewahrung bezahlte. Nur mit dem kleinen Trolly als Gepäck stiefelte ich los und fühlte mich das erste Mal, seit ich unterwegs war, sehr erleichtert. Wenig später saß ich bereits wieder in einem Bus. Der Beamte hatte nicht zu viel versprochen, Nelson Bay gefiel mir auf Anhieb. Ich entschied mich für eine Unterkunft in zweiter Reihe zur Promenade. Dafür, dass es eine Gaststätte mit Zimmervermietung war, fand ich den hübschen Namen „Seabreeze Hotel" leicht übertrieben. Die Einrichtung hätte einfacher nicht sein können – drei Betten nebst Beistelltische sowie ein alter Kühlschrank außerdem eine schmale Kleiderstange. Das war`s auch schon. Der Kühlschrank krächzte so laut, als läge er in den letzten Zügen. Bevor ich schlafen ging, schaltete ich ihn einfach aus und morgens wieder an. Ein uraltes, jedoch sauberes Duschbad konnte ich zusätzlich mein Eigenes nennen. Das Ganze war für 80 Dollar die Nacht zu haben.

Meine nimmermüde Abenteuerlust trieb mich gleich nach dem Duschen und Kleiderwechsel zum Anleger der Fähren. Sicherheitshalber fragte ich eine Gruppe Frauen, die auch auf eine Fähre zu warten schienen: „Entschuldigen Sie, können Sie mir sagen, welche Fähre nach Tea Garden / Hawks Nest fährt?" Diese beiden verträumten Orte, auf der anderen Seite der Bucht, sollte ich mir auf keinen Fall entgehen lassen, meinte der nette Bahnbeamte von der Gepäckaufbewahrung.

„Ja, sicher, Liebes, da wollen wir auch hin, bleib man schön hier bei uns."

Und schon war ich mittendrin in einer unterhaltsamen Gruppe. Sofort schnatterten wir alle durcheinander. Alles Mögliche wollten sie von mir wissen.

„Na, ja" sagte ich, „wenn ihr langsamer oder ein deutlicheres Englisch sprechen würdet, könnte ich euch besser verstehen." Sie gaben sich allergrößte Mühe. Die Zeit verging wie im Fluge. Die Überfahrt war so lustig, dass ich kaum zum Luftholen kam. Zum Abschied wurde noch fleißig fotografiert. Immer wieder drehten sie sich um und machten Winke, Winke, bis wir uns aus den Augen verloren. Mich beschlich schon wieder dieses Gefühl, man kennt sich schon ewig und nicht erst seit einer Stunde.

Um die weitläufigen Orte Tea Garden und Hawks Nest zu Fuß abzuklappern, war ich spät dran. Außerdem war hier der Hund begraben. Wahrscheinlich, weil die Hauptsaison noch weit entfernt lag. Jemand erzählte mir was von einer „Singing Bridge" die über den Myall River nach Hawks Nest führt. Das machte mich hellhörig. Da ich ja schon das singende Verkehrsschild in Byron Bay entdeckt hatte, wollte ich mir noch das Lied der singenden Brücke anhören. Doch leider, es war windstill. Schade!

Kaum hatte die Fähre den Hafen vom Tea Garden verlassen, annoncierte der Skipper: „Delphine in Sicht!" Überwältigend, was sich da kurz vor der Abenddämmerung im Wasser abspielte. Das übertraf meine kühnsten Erwartungen. Scharen von Delphinen sah ich auf- und wieder abtauchen. Ein Bootsjunge erklärte mir: „Port Stephens ist ihr Zuhause, schauen Sie dort auf dem Plakat, einige von ihnen haben wir fotografiert und ihnen Namen gegeben." „Wie dass?" Verblüfft schaute ich mir das Bild etwas genauer an. „Woran erkennen Sie die einzelnen Delphine?" Er zeigte mit seinem Finger auf einen Delphin, der eine Narbe auf seinem Rücken trug und erklärte mir: „Jeder Delphin hat sein ganz persönliches Erkennungsmerkmal." Unglaublich, immerhin ist der Hafen von Port Stephens ein 20 Kilometer ins Land reichender Naturhafen. Bis kurz vor der Anlegestelle in Nelson Bay begleiteten uns die Delphine.

Einen ganzen Tag lang wollte ich an einem der schneeweißen Strände, die rund um Nelson Bay liegen, verbringen. Ich hatte die Qual der Wahl! Mich reizte nicht nur die „Fingal Bay", dessen Puderzuckerstrand, wie ein Zeigefinger tief ins Meer hineinragt, sondern auch die romantische „Soal Bay". Es gab sogar mal einen Plan, die neue Hauptstadt Australiens an den Ufern der Soal Bay entstehen zu lassen. Doch letztendlich entschied man sich für Canberra, mitten im Busch, zwischen Sydney und Melbourne, ohne Zugang zum Meer. Doch all diese Traumstrände hatten eins gemeinsam, sie waren menschenleer. Wäre mir was passiert, hätte es niemand gesehen. Die offizielle Badesaison war noch nicht eröffnet.

Denn nicht nur Delphine tummelten sich in diesen romantischen Buchten, auch große Haie wurden immer wieder rund um Nelson Bay gesichtet. Manchmal trauten sie sich sogar bis auf Körpertiefe ans Ufer heran. Im März 2011 wurde eine 24 jährige Frau an der einsamen Jimmy Beach, bei Hawks Nest, von einem großen weißen Hai angegriffen, als sie von ihrem Wakeboard ins Wasser fiel. Beherzt und unter eigener Lebensgefahr sprang ein junger Mann vom Boot aus hinterher, um den Hai zu verscheuchen. Was ihm auch gelang. Mit schweren Verletzungen, an Kopf und Gesicht sowie Schulter und am Arm, brachte man sie mit einem Hubschrauber ins Krankenhaus. Nach mehreren Operationen ist es den Ärzten dann schließlich gelungen, nicht nur sie, sondern auch ihren Arm, der bis auf den Knochen zerfleischt war zu retten.

Ich erinnere mich an einen Arbeitskollegen, der Mike McDonald hieß. Für seine Doktorarbeit im Fach der Meereskunde, studierte er das Verhalten der Haie an der Ostküste Australiens. Von dort brachte er ein Haifischgebiss mit. Beim Anblick dieser Hammerzähne bekam ich Gänsehaut.
„Was meinst du Moni, wie oft ich direkten Kontakt mit den Haien im Wasser hatte, ohne dass ihnen überhaupt die Idee kam, mich anzugreifen. Im Grunde sind es scheue Tiere, die Menschenfleisch

nicht zu ihren Lieblingsspeisen zählen."

Und heute? Heutzutage wollen nicht nur Touristen, sondern auch einige Hobbytaucher dem Hai so nahe sein, dass man diese scheuen Tiere anfüttert, um sie anzulocken. Mir fällt auch die Anfütterung der Fische am Great Barrier Reef wieder ein.

Ne, da verbrachte ich doch lieber einen ganzen Tag an der Stockton Beach. Hier sorgten Life-Guards für meine Sicherheit. Außerdem war ich begeistert, als ich den goldgelben Sandstrand und die gewaltigen Dünen erblickte. Die Sanddünenlandschaft verläuft zwischen der Anna Beach bei Nelson Bay bis zum 32 Kilometer entfernten Stockton / Newcastle und soll außerdem die größte Sanddünenlandschaft der südlichen Hemisphäre sein. Stellenweise erreichen die einzelnen Dünen eine Höhe bis zu 30 Metern und eine Breite bis zu einem Kilometer. Nicht nur Quadräder, auch 4WD Fahrzeuge sowie Sandboarder dürfen sich an speziell für sie vorgesehenen Strandabschnitten austoben.

Zurück in Newcastle, der zweitgrößten Stadt in NSW, reichte meine Zeit gerade noch, mir den Stadtteil zwischen Hauptbahnhof und dem Stadtstrand etwas näher anzuschauen. Früher war diese 200-jährige Industriestadt mal sehr reich. Doch dann wurde es still um Newcastle. Junge Leute sorgen nun dafür, dass diese Universitätsstadt (19.000 Studenten) wieder zum Leben erwacht. Auch die Kunstszene hat hier schon kräftig Fuß gefasst. Kein Wunder, denn die Stadt hat phantastische Stadtstrände zu bieten. Außerdem liegt die schon erwähnte gewaltige Dünenlandschaft sowie die berühmte Weinregion Hunter Valley direkt vor ihrer Haustür.
Man lese und staune: Lonely Planet hat in seinem Reiseführer unter den besten Städten 2011, Newcastle in Australien, an neunter Stelle gewählt.

Ein letztes Mal genoss ich vom Zug aus eine fabelhafte Landschaft – verschwiegene Buchten, lauschige Seen sowie grüne Hügellandschaften zogen an mir vorüber. Diese Strecke, von Newcastle nach Sydney, dauerte 2 Stunden. Die wäre ich gern noch mal gefahren. Gleich in der George-Street, gegenüber dem Hauptbahnhof von

Sydney, entdeckte ich ein Mittelklasse Hotel. Breite Stufen führten hinauf zur Lobby. Nun frage ich Sie, sind Sie schon mal auf eine Treppe raufgefallen? Nein? Ich ja! Platsch, flog ich die letzten vier Stufen der Länge nach hin. Beim Fallen ließ ich einfach das Gepäck los und stützte mich mit den Händen ab. Verdutzt blieb ich erst einmal liegen. Sofort eilten einige Herren herbei, um mir wieder auf die Beine zu helfen. Nach der ersten Schrecksekunde musste ich über meine eigene Dummheit lachen und winkte ab: „Es ist alles in Ordnung, mir ist nichts passiert." Sie sammelten mein Gepäck, das die Stufen runtergekullert war, ein und brachten es mir. Eigentlich war es durch meine ständige Entsorgung der Klamotten überhaupt nicht mehr schwer.

Pech, es war kein Zimmer mehr frei. „Haben Sie nicht eine Idee, wo ich in dieser Gegend einigermaßen günstig übernachten könnte", hilfesuchend schaute ich den jungen Mann an der Rezeption an. Er rief bei mehreren Hotels an. Doch nichts war in dieser Gegend für eine Person frei. Außer ein Viersterne-Hotel für 300 Dollar. Für eine Nacht!

„Am besten sie versuchen es gleich an der nächsten Straßenkreuzung, dort gibt es Backpacker!" Wollte ich zwar auf keinen Fall meine letzte Nacht in Australien in einem Backpacker verbringen. Doch es blieb mir nichts anderes übrig. Also trottete ich noch einmal ins Backpacker.

Diesmal bekam ich ein Vierbettzimmer mit Duschbad. Mir wurde übel, als ich das Zimmer betrat. Warum nur müssen manche Menschen eine derartige Duftnote hinterlassen. Verzweifelt ging ich zur Rezeption zurück und flehte das junge Mädchen an. „Meinen Sie nicht, Sie haben noch ein anderes Zimmer, das nicht so fürchterlich nach Fußschweiß stinkt?!" Sie hatte. Völlig in Ordnung fand ich den Preis von 80 AUD für das 4-Bettzimmer mit Duschbad zur Alleinbenutzung.

In einem italienischen Szenerestaurant in Darling Harbour wollte ich den letzten Abend in Australien nett ausklingen lassen. Aber wenn man für ein paar Nudeln mit Tomatensoße 20 AUD blechen muss, vergeht einem schon der Appetit. Vor allen Dingen, wenn es auch noch miserabel schmeckt. Klar, dass Pasta „al dente" gegart werden, das weiß ich auch. Aber die Nudeln schienen nur kurz mit kochendem Wasser in Berührung gekommen sein. Die Tomatensoße schmeckte nach nichts und war viel zu dünn.

Am nächsten Morgen schaute ich mich ein wenig im Backpacker um. Es schien ausgebucht zu sein. Überall wimmelte es von jungen Menschen. Neugierig fragte ich ein junges Mädchen, die gerade aus ihrem Zimmer kam: „Mit wie viel Leuten teilt ihr euch das Zimmer?"
„Zwanzig", sagte sie so nebenher, als sei es das Selbstverständlichste auf der Welt.
„Wie bitte? Sagen Sie das noch mal, zwanzig Menschen in einem Raum?"
Ich wollte es nicht glauben.
„Ja, und das ist ja noch gar nichts, ich habe schon mal in einem Schlafsaal mit dreißig Leuten geschlafen."
„Und was kostet so ein Bett im Schlafsaal?"
„Zwischen 15 und 20 AUD."
Kein Wunder, dass Backpacker-Hotels wie Pilze aus der Erde schießen. Inzwischen gibt es Backpacker-Unterkünfte, von ganz einfach, bis hin zum modernsten mit allem Komfort. Ein lukratives Geschäft, denn es strömen jährlich viele junge Menschen aus aller Welt nach Australien.

In der großen Gemeinschaftsküche, die vollgestopft war mit alten Pott und Pan, hatte ich ein interessantes Gespräch mit einem jungen Mann aus Norddeutschland. Ursprünglich wollte er für ein Jahr in Australien bleiben, wie die meisten jungen Menschen, die hierher kommen. Aber bereits nach drei Monaten war sein Geld aufgebraucht. Es reichte ihm, wie er sagte. Abgesehen von den Klamotten, war auch für ihn, alles völlig überteuert. Für ein paar AUD die Stunde als „fruit picker", Obstpflücker, zu arbeiten und in überfüllten Schlafsälen campieren zu müssen, das wollte er auf gar keinen Fall. „Mit Mitte zwanzig stellt man da schon gewissen Ansprüche", meinte er.
Am Circular Quay suchte ich mir am Hafenrand ein schattiges Plätzchen in einem der vielen Cafés. In letzter Minute wollte ich den lieben Daheimgebliebenen eine Ansichtskarte aus Down-Under schreiben. Bisher fehlte mir einfach die Lust. War ja auch kein

Wunder bei meinen anfänglichen Aufregungen. Inzwischen hatte ich genügend Abstand gewonnen und eine fantastische Zeit erlebt. Mit einem umwerfenden Rundblick auf den Hafen, das Sydney Opernhaus und die Skyline, hatte ich das richtige Ambiente gefunden. Der Klang eines Didgeridoo ließ mich aufhorchen. Als ich meine letzten Zeilen auf die zehnte Ansichtskarte gebracht hatte, bezahlte ich die Rechnung und folgte den Klängen der Musik.

Am anderen Ende der Hafenmeile spielte und tanzte eine Gruppe Aborigines ihre traditionelle Musik. Außer einem Lendenschurz und ihre hübsche Ganzkörperbemalung trugen sie nichts weiter am Körper. Ein Highlight für mich und meine Kamera. Ich drückte einem Passanten meine Kamera in die Hand und er schoss ein Bild mit mir und der Musikgruppe. Mit diesem letzten Bild beendete ich meine Fotoserie von Australien. Den Aborigines legte ich noch einen größeren Schein in die Sammelbox. Eigentlich schade, dass ich die Ureinwohner Australiens kaum zu Gesicht bekommen hatte. Sind es doch gerade sie, denen dieser Kontinent einmal ganz allein gehörte. Vor fünfzig- bis sechzigtausend Jahren sollen sie bereits aus Asien hierher eingewandert sein. Leider leben viele von ihnen noch immer ausgegrenzt von der übrigen Bevölkerung, mehr schlecht als recht, in kleinen Wohnsiedlungen am Rande der Städte. Aber Gott sei Dank haben sich auch einige Gruppen auf ihre wertvolle Kultur besonnen und sich mit Hilfe der Regierung wieder im Outback angesiedelt, um dort mit ihrer jahrtausendealten Tradition und der Natur im Einklang zu leben.

Nun war ich an der Ostküste von Cairns im Norden bis Sydney im Süden unterwegs gewesen. Habe viel erlebt und gesehen. Mehr ging allein und in der kurzen Zeit sowie ohne eigenes Auto nicht! Am Abend bestieg ich den neuen Airbus A 380 von der Fluggesellschaft 'Emirates' und flog mit einem völlig neuen Fluggefühl bis Dubai. Es war ein einmaliges Flugerlebnis. Maximale Beinfreiheit und viel Raum für Spaziergänge während des Fluges entschädigten mich für den schrecklichen Aufenthalt am Flughafen von Melbourne.

Als ich nach dreitägigem Zwischenstopp in Dubai zurück nach

Hamburg flog, war ich der Fluggesellschaft Emirates kaum mehr böse. Dafür hatte der Flugkapitän gesorgt. Nach dem Starten flog er eine Schleife über Dubai, um uns die interessantesten Gebäude von oben zu präsentieren. Es war ein unvergesslicher Ausblick. Ich sah das neue höchste Gebäude der Welt, das 'Burj el Khalifa' sowie die beiden Hotels der Superlative: das 'Atlantis' und 'Burj el Arab'. Doch die künstlich angelegte Insel 'The Palm' war für mich, von hier oben aus gesehen, das größte Highlight.

Glück muss der Mensch haben! Ich saß nicht nur am Fensterplatz, sondern auch noch auf der richtigen Flugseite, um diesen Traumblick genießen zu können.

Und das muss ich auch noch loswerden: Neben mir saß ein junges Paar. Und wie ich es schon des Öfteren beim Fliegen erlebt hatte, waren auch die beiden Muffelköpfe - kein 'Guten Tag', nichts. Sie behandelten mich einfach wie Luft, als sei der dritte Platz gar nicht vorhanden. Und genau so tat ich es mit ihnen. Als der Flugkapitän die Sehenswürdigkeiten ankündigte, setzte ich mich so vors Fenster, dass nur ich rausschauen konnte. Als wir vorbei waren, lehnte ich mich zufrieden zurück. Beide beugten sich aufgeregt zum Fenster. Sie fielen mir fast auf den Schoß. Als die Dame vor Entzücken aufschrie:

„Oh guck mal, Jochen, da unten The Palm, wie aufregend!"

Bemerkte ich mit triumphierender Stimme: „Das ist nur die Baustelle von der unfertigen zweiten Insel. Die schönsten Sehenswürdigkeiten und die erste bereits bewohnte Insel, haben Sie verpasst!" Dann setzte ich mir Kopfhörer auf und ließ mich von klassischer Musik berieseln.

Epilog:

Da bekanntlich alles im Leben zwei Seiten hat, war Annas plötzliche Rückkehr nach Hamburg letztendlich ein Segen für ihren Vater und Beruhigung für mich!

Die ersten Tage und Nächte nach ihrer Ankunft zog sie sich erstmal in ihr Schlafzimmer zurück. Als sie ausgeschlafen hatte und von den Strapazen einigermaßen erholt war, rief sie ihren Vater an. Der war natürlich völlig geschockt. Dass irgendetwas zwischen mir und Anna nicht stimmte, hatte er sich ja schon gedacht, aber dass sie wieder in Hamburg war, hätte er sich in seinen kühnsten Träumen nicht vorstellen können.

Immer wieder hatte er mich am Telefon gefragt: „Wo ist eigentlich Anna? Warum seid ihr nicht mehr zusammen und wann kann ich endlich mit ihr sprechen?"
„Wir haben uns gestritten, deshalb ist sie früher als geplant zu ihren Freunden gefahren", flunkerte ich. Mach dir bitte keine Sorgen, es ist alles in Ordnung. Sie hat mir versprochen, dass sie Dich demnächst anrufen wird", vertröstete ich ihn.

Liebevoll kümmerte sie sich dann um ihren Vater, der sich nach seiner Operation, entgegen seinen Erwartungen, noch sehr klapperig fühlte.

MANN ÜBER BORD!

Da mache ich mal 'nen Segeltörn, und schon läuft alles schief. Obwohl es nicht am Wasser unterm Kiel lag - das war unter unserem Boot tief genug - trotzdem passierte so manch Unvorhergesehenes!

Gerade hatte Janine, meine Tochter, ihren Sportbootführerschein-See absolviert, da wollte sie auch schon unter vollen Segeln in See stechen. Natürlich nicht allein.
„Mama", fragte sie mich vor ein paar Wochen, „ich darf die ‚Lütte Deern' vom Verein, die im Travemünder Hafen liegt, für ein Wochenende als verantwortliche Skipperin segeln, hast du nicht Lust mitzukommen?"
Spontan, wie immer, antwortete ich:
„Na klar, wann soll es losgehen?" Kaum hatte ich es ausgesprochen, kamen mir die ersten Zweifel. Sicherheitshalber hakte ich nach:
„Ich kann ja gar nicht segeln, glaubst du nicht auch, ich werde dir nur im Weg stehen?"
„Nein, wir beide sind doch schon mal auf der Alster gesegelt."
„Auf der Alster? Das war doch eine kleine Jolle. Dagegen ist doch die ‚Lütte Deern' (kleines Mädchen) ein richtiges Segelschiff mit Kojen und so."
„Du musst nur meine Kommandos befolgen. Außerdem wäre es für dich die beste Gelegenheit, schon mal zu üben – für später, wenn ich eine eigene Yacht habe. Dann kommst du öfter mit", versuchte Janine mich zu überzeugen.
„Wenn du meinst?" Gepackt von der Vorfreude, warf ich meine Bedenken über Bord.
Mit aufgeblähten Segeln übers offene Meer zu jagen, war einer meiner vielen Träume, die ich mir mal erfüllen wollte: So eine richtige schöne Segelyacht mit gemütlichen Kojen zum Übernachten, womöglich noch in einem romantischen Hafen. So etwas darf man sich doch nicht entgehen lassen!

Also: Auf zu neuen Ufern…
Voller Tatendrang standen wir am ersten Wochenende im Juli mit unserem Gepäck im Yachthafen Rosenhof in Travemünde vor der

‚Lütten Deern', einer „Traumyacht", wie ich dachte. Na ja, neben den anderen protzigen Motor- und Segelyachten, die in Reih und Glied an den Bootsstegen lagen und vor sich hin dümpelten, wirkte sie schon ein bisschen mickrig. Der Name passte zu ihr.

„Bleib hier auf dem Steg stehen, ich hol dich gleich nach", rief mir Janine zu, während sie leichtfüßig aufs Boot sprang und zur hinteren Seite des Bootes tänzelte. Mit geübten Griffen schob sie die Luke zum Bootsinnenraum hoch. Danach kam sie zurück und ließ sich unser Gepäck rüberreichen.

Schwuppdiwupp war es im Bootsinneren verschwunden. Nun war ich an der Reihe.

„Gib mir deine linke Hand, mit der anderen kannst du dich hier an der Großschot festhalten."

„Das schaffe ich nicht, das Boot ist zu weit vom Steg entfernt, ich habe doch keine langen Beine, so wie du."

„Okay." Mit der einen Hand nahm sie die Leine, welche am Poller befestigt war, und zog so das Boot näher an den Steg heran, mit der anderen Hand zog sie mich zu sich aufs wackelige Boot.

„Keine Angst Mama, das ist nur am Anfang so, daran gewöhnst du dich schnell", meinte Janine, während sie mich beobachtete, wie ich mit meinem Gleichgewicht zu kämpfen hatte. „Du musst dich immer mit der einen Hand am Boot festhalten, dann kann dir auch nix passieren." Leichter gesagt als getan, denn das vordere Deck fiel von der Mitte aus nach beiden Seiten etwas schräg ab. Sicherheitshalber legte ich mich auf alle Viere und robbte mich so nach achtern vor, äußerst konzentriert, um ja nicht abzurutschen und womöglich noch ins Wasser zu plumpsen. Dann kletterte ich über eine Bank, die auf dem Achterdeck längst der Bordwand befestigt war, und verschwand über drei Holzstufen in den Innenraum des Bootes. Aufatmend ließ ich mich auf einer schmalen Polsterbank nieder. Innerhalb von Sekunden lief mir der Schweiß aus allen Poren. Kein Wunder bei der Affenhitze in dem kleinen niedrigen Raum. Erbarmungslos knallte die Mittagssonne aufs Kunststoffdach der Kajüte. Während ich mir meine Behausung für drei Tage betrachtete, fiel mein Blick ins vorderen Teil des Schiffes, die Koje, sie war mit unserem Gepäck zugemüllt. Mit einem mulmigen Gefühl, bemerkte ich enttäuscht:

„So klein habe ich mir das Schiff aber nicht vorgestellt!"

„Ach Mama", Janine folgte meinem Blick in die Koje, „das Gepäck werden wir noch überall auf dem Boot verteilen. Dann hast du einen Schlafplatz für dich ganz allein. Jörn und ich schlafen hier vorn auf den beiden Polsterbänken."

Jörn war auch Segler und Mitglied im selben Segelverein wie Janine. Zum Glück hatte sie ihn noch als Co-Skipper mit an Bord ziehen können. Dafür durfte er auch umsonst mitsegeln. Denn den Boot-Benutzungsbetrag von 75 Euro fürs Wochenende habe ich großzügig, wie ich nun mal bin, übernommen.

„Hm, wo ist eigentlich die Toilette?", suchend schaute ich mich in der kleinen Kajüte um, „nachts muss ich mindestens einmal raus."

„Augenblick, das haben wir gleich"; in gebückter Haltung, denn Stehen ging ja nicht, dafür war die Kajüte zu niedrig, inspizierte sie die Jolle.

Freudestrahlend öffnete sie einen Deckel am Kopfende der gegenüberliegenden Polsterbank: „Ich habe es gefunden. Hier Mama, ein kleines Chemieklo, das kannst du nachts benutzen, natürlich nur, wenn du willst", fügte sie noch schnell hinzu.

In Gedanken spielte ich das Pinkelszenario durch: Ein Wasserkonzert am Kopfende meiner Tochter und eines fremden Mannes?

„Ne, das mach´ ich nicht!", entschied ich, „lieber benutze ich draußen die sanitären Anlage im Gelände."

„Und nachts beim Rumkrabbeln an Bord fällst du mir noch ins Wasser, nein, das kommt überhaupt nicht in Frage. Ich glaube, ich habe eine bessere Idee." Sie stieg durch die Luke aufs hintere Deck, ich hinterher, gespannt, was kommt. Außerdem war es mir drinnen zu heiß. Kein Wunder, wir hatten 31 Grad im Schatten. Doch von Schatten keine Spur. Eigentlich Traumwetter, um hinauszusegeln; leider kam Jörn erst am Abend. Wir freuten uns auf ihn, schließlich hatte er schon ein paar Jahre Segelerfahrung auf dem Buckel. Janine öffnete eine Bodenklappe und holte einen Plastikeimer hervor.

„Hier kannst du nachts hineinpischern. Am Griff werde ich noch eine Leine befestigen, damit du dann den Einer ins Wasser tauchst und gründlich nachspülen kannst. Na, wie findest du diese Idee?"

Ich überlegte kurz und meinte: „Na ja, wenn wir Jörn vorn in der Koje schlafen lassen, und ich mit dir im „Salon" schlafe, dann müsste es gehen."

So war dieses Problem schon mal gelöst.

Ich krabbelte wieder von Bord, setzte mich auf den Rasen im Schatten eines Baumes und schaute Janine bei ihrer Schiffsinspektion von weitem zu.

Spät abends, wir genossen gerade unsere mitgebrachten Delikatessen aus der Kühltasche, trudelte Jörn ein. Janine sackte ein wenig zusammen, als sie seine Reisetasche entgegennahm.

„Hast du da Steine drin?"

„Nö, aber Überraschungen für uns", gab er mit strahlendem Lächeln zurück.

Als Erstes holte er eine Flasche Rotwein hervor.

„Danke, für mich lieber nicht, ich schnarche sonst noch lauter", wehrte ich ab. Bei einem Glas Rotwein besprachen die beiden den Ablauf des folgenden Tages. Zufrieden lehnte sich Jörn zurück, zog genüsslich an seinem Zigarillo und grunzte: „Das wird morgen ein wunderschöner Tag, das habe ich im Gefühl."

„Mama, wenn das Boot auf dem Wasser leicht dümpelt, wirst du wie in einer Wiege schlafen", hatte Janine mir prophezeit. Ha, schlafen?

Ich meine, ich bin ja klein und überhaupt nicht anspruchsvoll, aber, wie soll man bei einer 40 cm breiten Liegefläche neben Regalen, die vollgestopft sind mit Schiffsutensilien, die teilweise über den Rand herausragen, einen bei jeder Bewegung ständig irgendwo pieken, schlafen können? Lag ich auf der rechten Seite, tat mir meine rechte Hüfte weh; legte ich mich nach links, war es die linke Hüfte, die mich nicht schlafen ließ. Dann versuchte ich es auf dem Rücken, oh Wunder, das klappte. Sicherheitshalber fragte ich Janine:

„Hast du auch deine Ohropax drin?"

„Ja, Mama, jetzt wo wir beide hier schlafen, kannst du dir den Eimer reinholen, damit dich keiner da draußen sieht."

„Nö, lass man", ich nahm lieber Zaungäste in Kauf.

Im Biergarten am Kiosk gegenüber der Priwall-Fähre suchten wir uns ein schattiges Plätzchen zum Frühstücken. Während wir rumrätselten, welches Frühstück wir nehmen sollten, meldete sich die Wirtin zu Wort:

„Vertraut mir, ich mach euch schon was Passendes fertig." Sie schleppte ran, was ihre Küche hergab. Schnell war der runde Tisch zum Bersten voll. Über weich gekochte Eier von frei laufenden

Hühnern, selbstgebackene Brötchen bis hin zum Räucherlachs sowie Aufschnitt und Käse, es fehlte an nichts. Den Panoramablick auf den Hafen sowie auf die Travemünder Altstadt gab´s gratis dazu. Megafähren zogen direkt vor unseren Augen vorüber!

Als wir bezahlen wollten, sagte die Wirtin:

„Wieviel wollen Sie denn freiwillig zahlen?"

„Oh, wie sollen wir das ausrechnen?", bemerkte Janine. Jörn tat völlig unbeteiligt, er nahm das vorletzte Brötchen, beschmierte es mit einer dicken Schicht Butter, legte zwei Scheiben Käse und noch zwei Scheiben Wurst obenauf, nahm eine Serviette und wickelte das Brötchen darin ein. Schließlich sagte Janine:

„Vielleicht 20 Euro?"

Die Wirtin schmunzelte:

„Fünfzehn Euro", entgegnete sie. Ich war platt. Schnell sagte ich:

„Letztes Angebot: Achtzehn Euro!" Dreizehn Euro legten Janine und ich auf den Tisch. Jörn tat noch immer so, als hörte er nichts. „Komm Jörn, dein Obolus, fünf Euro", befahl Janine. Zögernd holte er sein Geld hervor. Dann wollte er sich auch noch das letzte Brötchen aus dem Korb nehmen, jedoch Janine war schneller.

Mit uns und der Welt zufrieden, trollten wir wieder Richtung Boot. Nach einer kurzen Einweisung wurde das Boot klar gemacht zum Ablegen. Kurze Hektik machte sich breit; alles musste schnell gehen. Motor anschmeißen, die Leinen von dem Bootssteg lösen und einholen. Langsam und sicher steuerte Janine das Boot aus der Parkposition und näherte sich dem Fahrwasser, welches ins offene Meer führte. Ihre einzige Sorge war, dass ihr nicht eine große Fähre wie die TT-Line in die Quere kommt. Wir hatten Glück, sie waren bereits alle weg. Nun erst begriff ich, auf was man auf einem Segeltörn alles achten muss: Was die verschieden farbigen Bojen bedeuten? Wer Vorfahrt hat? Wie liest man eine Seekarte? Nach und nach will Janine es mir beibringen. Ob ich dazu Lust habe? Mir kamen die ersten Zweifel.

Kaum hatten wir die Fahrstraße verlassen, wurden die Segel gesetzt. Dafür waren Jörn und ich zuständig. Er hantierte am Segel und ich an der Schot*. Langsam glitt das Großsegel am Mast empor. Dasselbe wiederholten wir mit dem Vorsegel, der Fock. Alles lief wie am Schnürchen. **Schot: Leine zum Bedienen des Segels.*

Als die aufgeblähten Segel in den wolkenlosen azurblauen Himmel hineinzuragen schienen, machte sich in mir ein unbeschreibliches Glücksgefühl breit. Genau das war es, was ich schon immer einmal erleben wollte. Leise glitt das Schiff durchs tiefgründige, dunkelblaue Meer. Der Wind war günstig. Wir segelten eine ganze Weile gen Osten. Jörn hatte es sich auf dem Vorschiff gemütlich gemacht und ließ sich die Sonne auf den Bauch scheinen. Janine blieb an der Pinne (Ruderstock) und meinte:

„Mama, du hältst bitte „Ausguck", damit uns auch von vorn kein Schiff in die Quere kommt." Das fand ich nun ungerecht! Trotzdem blieb ich lieber auf der Bank hinten sitzen. So wie Jörn, bei voller Fahrt auf dem Schiff herumzuklettern, das traute ich mich natürlich auch nicht.

„Steuerbord kommt eine Motoryacht direkt auf uns zu!", rief ich Janine entgegen. Sie hatte sie auch längst bemerkt und erwiderte: „Mama, das ist nicht Steuerbord, das ist Backbord, sag lieber rechts oder links." Doch ich fand das Wort Steuer- bzw. Backbord schöner. Nach der dritten Verwechslung wurde Janine sauer. Ich schlug ihr vor:

„Okay, ab sofort werde ich für jede Falschmeldung fünf Euro in die Bordkasse legen, einverstanden?"

„Super", freute sich Jörn, „dann wissen wir ja schon jetzt, wer heute Abend den Anlegeschnaps bezahlt." Zu früh gefreut, ab sofort habe ich Steuer- und Backbord nicht mehr verwechselt. War natürlich reiner Zufall!

Der mit den Wellen tanzt!

„Ich werde mal schwimmen gehen", anscheinend hatte Jörn genug vom Sonnenbaden, er gesellte sich zu uns und kramte aus der hinteren Box ein Tau hervor.

„Wie? Du willst schwimmen gehen?" Völlig überrascht schaute Janine ihn an. Jörn hielt ihr das Tau vor die Nase. Mit einer Unschuldsmiene und selbstsicherem Ton sagte er:

„Dieses Tau befestige ich an der Außenbordleiter und lasse mich hinter euch herziehen."

Janine traute ihren Ohren nicht:

„Aber wir sind doch auf hoher See und in voller Fahrt bei immerhin 3 Windstärken!"

„Wo ist das Problem? Ich halte mich doch am Seil fest", und schwupp war er über Bord und ließ sich hinterherziehen.

Wir starrten diesem Hampelmann hinterher, wie er da so froh jauchzend im Wasser verschwand. Nach kurze Zeit tauchte er wieder auf und führte uns allerlei körperliche Verrenkungen vor. Ich dachte, ich bin im Wasserzirkus.

„Was meinst du Janine, ist das nicht gefährlich, falls er aus Versehen das Seil loslässt, wer holt ihn dann wieder ins Boot rein?"

„Jörn, komm sofort wieder ins Boot, hörst du? Ich bin der Skipper!", schrie sie aufs Meer hinaus." Noch ein paar Körperdrehungen, dann kam er endlich wieder an Bord. Schüttelte den Kopf über unsere Ängste und verschwand im Schiffsinneren, um wenig später mit einer Handvoll Wurzeln und einem Kartoffelschälmesser zum Vorschein zu kommen. Stolz zeigte er uns das Messer: „Seht ihr, ich habe an alles gedacht." Er setze sich Janine gegenüber auf die Bank und begann die Wurzeln zu schälen: „Wollt ihr auch eine?" Klar wollten wir. Kaum hatte er seine Riesenwurzel verspeist, sprang er wieder, ohne Janine zu fragen, ins kühle Nass und turnte genau wieder so rum wie beim ersten Mal.

„Wenn das so weitergeht, haben wir bald – Mann-über-Bord – nur, Janine, ich möchte nicht dabei sein."

„Daran möchte ich gar nicht denken, Mama, denn, wenn er das Seil loslässt, sind wir im Nu so weit von ihm entfernt, dass wir ihn zwischen den Wellen nicht mehr sehen können. Außerdem kann ich das Schiff mit vollen Segeln nicht schnell genug manövrieren, um ihn zu finden. Ohne Schwimmweste hat er da wenig Chance zu überleben. Nur Janine und ich trugen Schwimmwesten, die sich im Wasser automatisch aufblasen. Nun wussten wir, warum er sich geweigert hatte, eine Schwimmweste zu tragen.

Sie beugte sich über den hinteren Schiffsrand und schrie mit drohender Stimme: „Wenn du nicht sofort wieder an Bord kommst, melde ich es dem Club, dann bekommst du Segelverbot." Wohl oder übel kam er ins Boot gekrochen. Sich noch immer nicht bewusst, welcher Gefahr er uns allen mit seinen Spielchen ausgesetzt hatte.

Abermals verschwand er unter Deck. Diesmal kam er mit einer Honigmelone zum Vorschein. Seelenruhig halbierte er sie, teilte sie in kleine mundgerechte Stückchen und legte diese auf einen mitgebrachten Teller.

„Bedient euch, wenn ihr wollt." Wir wollten, auch wenn der klebrige Saft sich überall auf dem Schiff verteilte. Als Letztes holte er ein Plastikkörbchen mit Nektarinen hervor.

„Ach, deshalb war deine Reisetasche so schwer, was hast du denn noch so alles an Obst und Gemüse da drin?", wollte Janine wissen.

„Lasst euch überraschen."

Ansonsten war nicht viel los auf dem Wasser, das Fußballspiel Deutschland gegen Argentinien hatte begonnen.

„So, Mama", meldete Janine sich zu Wort, „volle Fahrt voraus, jetzt wird es interessant, das Schiff hat jetzt eine leichte Schieflage, du kannst dich mal vorn nach Steuerbord robben und darfst die Beine über Bord hängen lassen, halte dich nur immer schön an der Reling fest."

„Meinst du, das schaff ich?"

„Sicher, halte dich nur immer schön fest."

Ich kroch nach vorn, ließ meine Beine über Bord hängen und beide Arme über die Reling. Wieder durchströmte ein Glücksgefühl meinen Körper: So macht Segeln Spaß. Längst hatten wir den Ostkurs verlassen und waren quer über die Ostsee in Richtung Grömitz gesegelt. Dann machten wir eine Halse* und nahmen Kurs auf Neustadt.

Bei einer Halse geht man mit dem Schiffsheck durch den Wind, wodurch das Großsegel auf die andere Seite rübergeschlagen wird.

Kurz vor dem Leuchtturm von Pelzerhaken fragte ich Janine: „Haben wir eigentlich ein Fernglas dabei, wir müssten ja gleich an Ingrids Haus vorbei kommen?"

„Klar, Mama. Jörn, holst du es bitte mal und gibst es meiner Mutter?" Inzwischen holte Janine ihr Handy hervor und überraschte Ingrid.

Durchs Fernglas beobachtete ich, wie Ingrid auch mit einem Fernglas und dem Handy auf dem Balkon erschien. Wie oft hatte ich, von diesem Balkon aus die vorbeigleitenden Segelschiffe bestaunt und mir gewünscht, auch mal da draußen auf so 'nem Boot mitschippern zu dürfen. Nun saß ich hier und winkte Ingrid zu. Wir verabredeten uns dann für später im „Yachthafen Neustadt". Bevor Ingrid sich von Janine verabschiedete, gab sie uns noch den

Punktestand des Fußballspiels durch. Zwei zu null für Deutschland. Juchu!!!

Kurz bevor wir die Fahrrinne nach Neustadt erreichten, rief Jörn: „Klar machen zum Segel einholen!" Jeder nahm wieder seinen Platz ein. Janine machte sich am Motor zu schaffen. Einmal, zweimal, dreimal, immer wieder zog sie die Reißleine. „Du musst kräftiger ziehen!", rief Jörn ihr zu.

„Das mach ich doch schon die ganze Zeit!", schrie sie zurück. Doch der Motor gab keinen einzigen Piep von sich. Beim zehnten Mal kam Jörn nach hinten, nahm das Startkabel in die Hand, um mit voller Manneskraft den Motor anzuschmeißen.

Endlich, schon beim zweiten Ziehen sprang der Motor an, nur mit einem Höllenlärm, völlig hochtourig. Nun begann er mit den Gängen zu spielen, in der Hoffnung, der Motor beruhigt sich. Egal welchen Gang er wählte, der Motor vibrierte wie wild nach allen Seiten. Als Letztes versuchte er es mit dem Leerlauf – nichts. Dann umarmte er mit beiden Armen den Außenborder und versuchte ihn mit seinem Oberkörper in Schach zu halten. Mensch, sah das gefährlich aus, denn inzwischen vibrierte der Motor nicht mehr, sondern tanzte in alle Richtungen. Ich hatte das Gefühl, der fliegt uns jederzeit um die Ohren.

„Stell sofort den Motor aus", befahl Janine ihm. Totale Hektik war inzwischen ausgebrochen. Nur Jörn schien Herr der Lage zu sein: „Am besten wir holen die Segel runter und fahren mit lautem Motor in den Hafen"

„Bist du verrückt?", schnauzte Janine ihn an, „im Gegenteil, wir müssen so schnell wie möglich weiter raussegeln, niemals mach ich direkt in der Fahrrinne ein Manöver, ich gehe kein Risiko ein, verstehst du?" Verstand er natürlich nicht.

„Mein Gott, bist du ein Angsthase, lass uns doch jetzt direkt reinfahren", protestierte er. So ging es noch eine Weile hin und her. Mein Herz fing allmählich an zu rasen, mein Blutdruck stieg. Hilflos sah ich mich um.

„Klar machen zur Wende*!", befahl Janine. Nun musste Jörn sich wohl oder übel unterordnen.

*Bei einer Wende geht man mit dem Bug durch den Wind!

„So, und was passiert jetzt?", wagte ich kleinlaut zu fragen, als wir wieder auf der offenen See waren.

„Wir warten einen Augenblick, vielleicht beruhigt sich ja der Motor wieder, denn in Travemünde lief er doch auch wie geschmiert", versuchte Janine mich zu beruhigen. Tat er aber nicht, dasselbe Szenario ging wieder los, mir wurde inzwischen angst und bange.

„Ich rufe jetzt Svenja vom Club an", entschloss sich Janine. Svenja war die Patin der ‚Lütten Deern' und kannte sich bestens mit dem Schiff aus.

„Mein Gott, warum willst du anrufen? Mach doch nicht alle verrückt, was sollen die von uns denken, ich schau mir mal den Motor an", jetzt war Jörn wütend. Er hob die Haube vom Motor und starrte auf das Innenleben. Jedoch fachmännisch sah sein Betrachten nicht gerade aus. Mir wurde wieder mulmig zumute; inständig hoffte ich, dass er nicht noch mehr kaputt machte. Nach kurzer Zeit gab er auf.

„Es muss am Choke liegen", meinte Svenja, als Janine sie endlich erreichte. Sie erklärte Janine, was sie da machen sollte. Voller Hoffnung machten sich jetzt beide am Motor zu schaffen; doch Fehlanzeige, abermals tanzte er in alle Richtungen. Da entdeckte ich die Küstenwache, die in Ufernähe ankerte, und machte den Vorschlag:

„Lasst uns zur Küstenwache segeln, die haben bestimmt einen Maschinisten an Bord, der uns weiterhelfen kann!" Nun rastete Jörn völlig aus. Zur Abwechslung hampelte er nicht im Wasser, sondern auf dem Boot herum und schnauzte mit rot angelaufenem Gesicht: „Ohne mich, ich bin da 'raus aus der Nummer. Denkt ihr, ich zahl tausend Euro? Macht, was ihr wollt, ohne mich!"

Krampfhaft überlegte Janine, wie es weiter gehen soll.

„Was redest du da für einen Quatsch, das kostet niemals tausend Euro. Man kann doch wenigstens mal fragen, dafür sind die doch da, und nicht, um liegengebliebene Boote abzuzocken", wagte ich zu widersprechen. Doch von beiden keine Resonanz.

Eine Motoryacht überholte uns. Janine ergriff die Chance und gab der Besatzung ein Zeichen. Sie bremsten ab und kam ganz nah an uns heran.

„Wir haben einen Motorschaden, könnt ihr uns bis in den Hafen abschleppen?" Der junge Mann nickte verständnisvoll:

„Habt ihr ein Abschlepptau?"

„Ja, klar", antwortete sie. Eine Weile ging es hin und her, bis der Typ meinte: „Aber einparken müsst ihr ja sowieso allein, warum segelt ihr nicht einfach in den Hafen, ohne Motor? Versuch es doch mal, es ist einfacher als du denkst. Er düste weiter. Janine und Jörn zankten sich erneut.

„Okay, dann lasst uns die Fock einholen", war sein Vorschlag.

„Niemals, ich werde doch nicht mit dem Großsegel in voller Fahrt in den Hafen rauschen, weißt du eigentlich, wie viele Luxusyachten dort im Hafen liegen? Wenn wir nur eine einzige Yacht rammen, sehe ich alt aus!", wehrte sich Janine. Noch einmal schaute ich hilflos zur Küstenwache herüber. Ein letztes Mal wagte ich den Vorschlag zu machen, die Küstenwache um Hilfe zu bitten. Das Wunder geschah, jetzt war auch Jörn einverstanden. Leider zu spät. Just in diesem Moment, wo wir Kurs auf die Küstenwache nahmen, drehte sie ab und fuhr mit voller Fahrt in die andere Richtung. Wir fuchtelten noch wie wild mit den Armen, aber sie bemerkten uns nicht. Eine Stunde dümpelten wir bereits auf einer Stelle. Just in diesem Moment war das Fußballspiel für die Deutschen mit vier zu null erfolgreich zu Ende gegangen. Wahrscheinlich haben sie es auch gesehen. Es war vorbei, und sie drehten ab.

Jörn ließ von seiner Idee, mit dem Großsegel in den Hafen zu segeln, nicht ab. In ihrer Verzweiflung sagte Janine: „Ich werde uns und die anderen nicht in Gefahr begeben, ich ruf jetzt noch einmal Svenja an, auch wenn sie sauer auf mich ist, und ich nie mehr segeln darf, aber unsere Sicherheit ist mir lieber."

In diesem Moment war ich stolz auf meine Tochter und wurde etwas ruhiger. Auch Svenja schlug uns vor, nur mit dem Kleinsegel, der Fock, ganz langsam und mit viel Gefühl in den Hafen zu segeln.

„Das schafft ihr schon", tröstet sie Janine, „schließlich bist du 'ne Seglerin!"

Kurz vor der Einfahrt des Arkona Hafens hieß es: ‚Großsegel einholen'. Janine war am Ruder, Jörn am Segelmast und ich an der roten Großschot.

„Die rote Schot lösen, langsam kommen lassen, jetzt mehr und mehr", rief Jörn mir zu. Langsam löste sich das Segel und glitt am Mast hinunter.

„Aua, verdammt, irgendetwas hat mich eben in meine Pobacke

gestochen", ich hielt die Schot nur noch mit der rechten Hand, mit der linken fasste ich unter mein Gesäß, danach tastete ich die Bank nach einem Fremdkörper ab, aber ich konnte nichts entdecken.

„Mensch, Moni, zieh endlich an der Leine!", brüllte Jörn mich an. Wieder nahm ich beide Hände und zog mit aller Kraft, doch sie bewegte sich keinen Zentimeter weiter.

„Es geht nicht, da muss irgendwo ein Widerstand sein!", schrie ich verzweifelt zurück, „außerdem habe ich wahnsinnige Schmerzen am Hintern!" Doch keiner hörte mir zu, Janine war mit der Steuerpinne beschäftigt und Jörn mit dem Segel, endlich bemerkte er, dass es oben am Haken festgezurrt war. Zu einer kleinen Entschuldigung ließ er sich doch noch herab. Während ich weiter an der Leine zog, versuchte ich, mit dem Po auf der Bank hin und her zu rutschen; das half, die Schmerzen wurden weniger. Ich konnte mich wieder voll aufs Segeln konzentrieren. Nun lief alles wie geschmiert. Langsam segelten wir in den Hafen ein. Gleich am ersten Bootssteg war ein Doppelplatz frei, kein Hindernis störte uns.

Kaum hatten wir das Schiff festgemacht, suchte ich meinen Sitzplatz ab. Tatsächlich, eine plattgedrückte Wespe lag auf dem Boden. Wahrscheinlich hatte der süße Melonen- und Orangensaft die Wespe angelockt. Jörn holte gleich nach dem Anlegen seine Fressalien 'raus: Janine war mit dem Aufräumen beschäftigt. Ich rief Ingrid an. Umgehend tauchte sie auf und nahm mich mit zu sich. Auf ihrem großen Balkon mit dem fantastischen Blick aufs Meer unterhielten wir uns noch eine ganze Weile bei einem Glas Sekt, bis ich mich dann im bequemen Gästebett nach allen Seiten ausstrecken konnte. Kaum, dass Ingrid und ich am nächsten Morgen am Schiff ankamen, stritten sich Janine und Jörn bereits wieder oder immer noch? Er wollte die Liegegebühren von elf Euro nicht übernehmen. Janine meinte, er sei kleinlich. Nun drohte er, von Bord zu gehen. Endlich sagte meine Tochter: „Super, das ist die beste Idee, die du bisher hattest." Beleidigt nahm er seine sieben Sachen und trollte sich davon. Obwohl ich nicht wusste, wie Janine mit mir allein nach Travemünde zurücksegeln wollte, war ich erleichtert. Doch Janine hatte eine bessere Idee; abermals rief sie Svenja an, sie war bereit, nach Neustadt zu kommen. Wir beide atmeten auf. Bis sie eintraf, befreiten wir das Boot von dem klebrigen Obstsaft und falteten das Großsegel ordentlich zusammen, das Jörn am Vorabend achtlos zerknüllt auf einem Haufen liegen ließ.

Oh Wunder, nach einigen geübten Handgriffen am Choke, sprang der Motor an, als wäre nichts gewesen. Svenja murmelte was von einer Schraube, die fehlte, aber dass es auch ohne geht. Mit Svenja war alles ganz anders. Bevor sie ablegte, besprach sie mit Janine die Seekarte und legte die Route fest. Dann beschäftigte sie sich mit den Segeln. Alles hatte Hand und Fuß, jeder Griff saß. War ich froh, dass wir vorher die Segel richtig am Mast zusammengefaltet hatten. Jeden Haken überprüfte Svenja, dabei merkte sie, dass zwei Haken fehlten. Nachdem sie sich die fehlenden Haken aus der Werkstoffkiste geholt hatte, übte sie mit mir, ob auch die Segel richtig gleiten, bis alles perfekt für den Start war. Mit leisem Motor verließen wir den Hafen. Als wir die Leinen eingeholt hatten, zeigte mir Svenja, wie man sie zusammenlegt. Sie behandelte mich, als sei ich ein Trainee, sehr lieb und geduldig, das gefiel mir. Bei gutem Wind und vollen Segeln hatten wir viel Spaß. Ich glaube, nicht nur ich, auch meine Tochter hat an diesem Tag viel von Svenja gelernt.

Ingrid holte dann Svenja mitsamt dem Motor von Travemünde ab, denn Svenja hatte ja ihr Auto in Neustadt stehen lassen. Den Motor wollte sie in Hamburg in die Werkstatt bringen; der war noch neu und hatte Garantie. Janine und ich verbrachten noch eine Nacht an Bord.
„So", sagte sie, als wir von Bord gingen, „die nächsten Male werde ich mit einem versierten Skipper segeln, das passiert mir nicht noch einmal. Dann wird es, wenn ich dich mal wieder mitnehme, entspannter, das verspreche ich dir, Mama."
„Schön, darauf freue ich mich heute schon." Auf einmal fand ich die ‚Lütte Deern' mit ihren sieben Metern Länge und engen Schlafplätzen gar nicht mehr so schlecht. Leichtfüßig bin ich von Bord gesprungen. Keine Spur mehr von Gleichgewichtsstörungen. Und immer eine Handbreit Wasser unterm Kiel! Und, natürlich die richtige Mannschaft an Bord, dann kann auch nix schief gehen…

ZEIT FÜR GEFÜHLE...

Nicht irgendein Wellness-Hotel im Fünf-Sterne Bereich, nein, da müsste ich ja schon allein für die Nobelherberge und allem Drum und Dran viel Geld hinblättern. Auch nicht so eine kleine Klitsche mit Mini-Schwimmbecken und winzigem Fitnessraum. Auch nicht in Deutschland, nein, diesmal dachte ich an Italien.

Um es genauer zu sagen: An die Liparischen Inseln, die vor der Nordküste Siziliens liegen. Ein Schwefelschlammbad in den Schlammtümpeln auf Vulcano und dann ab ins brodelnde Meer zu den heißen Quellen. Das wäre nicht schlecht für meinen geschundenen Körper.

Nur...? Da war ich schon mal.

Macht ja nichts, Italien hat außer Schwefeldämpfen und Schlammtümpeln noch mehr zu bieten. Schon beim nächsten Gedanken fiel mir Ischia ein. Ischia mit seinen vielen heißen Thermalquellen ist ja für sich schon die reinste Wellnessinsel, im Golf von Neapel gelegen. Also auf nach Ischia. Nun spann ich den Faden weiter: Außerdem könnte ich gleich noch den Golf von Neapel abgrasen. Allein bei dem Gedanken, die rote Sonne bei Capri ins Meer sinken zu sehen, geriet ich ins Schwärmen. Dann wäre da noch Neapel – Neapel sehen und sterben – muss ja nicht sein, das mit dem Sterben. Dafür ist die Gegend viel zu schön. Denn die Amalfitana will auch noch von mir erlebt werden. Vielleicht sollte ich bei der Gelegenheit noch den Vesuv besteigen, um ihm ins offene Maul zu schauen oder die in Aschestaub gehüllte Stadt Pompeji besuchen. Bei all diesen Vorstellungen geriet ich mal wieder ins Träumen.

Ich nahm den Hörer und rief Ischia-Tourist an, ein Spezialist nicht nur für die Inseln Ischia und Capri, sondern auch für den Golf von Neapel.

Um gleich mit dem Verwöhn-Programm auf Ischia zu beginnen, flog ich nach Neapel und ließ mich mit einer Schnellfähre zur Insel 'rüberschippern. Erwartungsvoll betrat ich die Hotelhalle der Continental Therme in Porto und wurde nicht enttäuscht. Zwar war der Strand einen Kilometer entfernt, jedoch wollte ich eh jeden Tag auf Insel-Tour gehen, um die Thermalbäder abzugrasen. Die im mediterranen Bungalowstil gebaute Anlage war hübsch in einer parkähnlichen Gartenanlage integriert. Das Einzige, was mich hier störte, waren die italienischen Gäste, wenn sie spät nachts lauthals palavernd durch den Park zu ihren Unterkünften marschierten. Ohne Ohrstöpsel war da nicht ans Schlafen zu denken. Bevor ich zur täglichen Exkursion aufbrach, schwamm ich meine ersten Runden im großen Thermalbecken des Hotels.

Eine Buslinie fuhr rechts im Uhrzeigersinn um die Insel. Ein anderer Bus umrundete die Insel in entgegengesetzter Richtung. Beide Busse hielten unmittelbar vor meinem Hotel. Tickets für die Busfahrten bekam ich gleich nebenan am kleinen Zeitungskiosk. Der Busfahrer verkaufte keine Tickets. Ohne Ticket, keine Busfahrt!

Wenig später befand ich mich im riesengroßen tropischen Garten des Thermalparks Casmicciola. Versteckt zwischen alten Bäumen und tropischer Vegetation verteilten sich die Thermalbäder. Gemütlich ließ ich mich mit der Seilbahn zu den verschiedenen Ebenen der Gärten, die terrassenförmig am Hang angelegt waren, schaukeln. Mein Badezeug hatte ich stets dabei, so konnte ich das eine oder andere Thermalbecken auskosten oder auch zwischendurch mal ins Meer huschen. Wenn ich nun dachte, dies sei der größte Thermal-Park auf Ischia wurde ich am nächsten Tag eines Besseren belehrt, als ich mich in den Parkanlagen der Poseidon-Gärten an der Citara Bucht wiederfand. Die zweiundzwanzig verschiedenen Bäder lassen kaum einen Kurwunsch offen.

Als Nächstes besuchte ich die Aphrodite-Apollon-Gärten oberhalb des Marontistrandes gelegen mit traumhafter Aussicht über das Meer und dem kleinen hübschen Ort Sant'Angelo. Zwölf Thermalbecken (20°-42°), werden von der radioaktiven Quelle „Linda" gespeist. Alle Thermalgärten auf Ischia, egal, ob groß oder klein, haben wunderschöne subtropische Gartenanlagen. Auch hier wie in allen anderen Thermalgärten, die ich besuchte, nahm ich ein Gesundheitsbad und ruhte mich zwischen blühenden Blumen und Palmen aus, bevor ich wieder weiter marschierte.

Trotz der erbarmungslosen Sonne, die mir auf den Pelz schien, war ich ständig auf Achse, um ja nichts zu verpassen. Gerade schlich ich im Schatten der Imbissbuden, die in Reih und Glied am hinteren Rand des Marontistrandes standen, da entdeckte ich ein Hinweisschild mit der Aufschrift B + B: Bett und Frühstück.

Der Pfeil zeigte ins Hinterland. Nach etwa drei Gehminuten durch eine grüne Schlucht stand ich vor einer verwunschenen Oase: das „Oasis La Vigna". Neugierig, wie ich bin, ließ ich mir die Zimmer zeigen und war angenehm überrascht. Sie waren ziemlich groß sowie neu eingerichtet. Jedes der fünf Doppelzimmer hatte ein Duschbad mit Bidet. Das hätte ich in so einer kleinen Anlage nicht erwartet. In der Nebensaison werden diese Doppelzimmer auch schon mal an Alleinreisende vermietet, erzählte man mir. Selbstangebautes Gemüse, Eier von freilaufenden Hühnern sowie absolute Ruhe, da weit und breit keine Straße ist, bescheren ein rundum Wohlfühlpaket. Am Tage zwitschern die Vögel und zirpen die Grillen, nachts quaken die Frösche. Heilendes Trinkwasser kommt direkt aus der Naturquelle, und ein paar Meter weiter springt Mineralwasser in Form eines Miniwasserfalls aus dem Felsen. Geselliges Beisammensein bei selbstgemachter Pasta oder frischem Fisch sowie süffige Bowle auf der offenen Terrasse lässt keine Langeweile aufkommen. Doch auch dieses kleine Idyll hat seine Grenzen – ohne Mückenschutz wird's unangenehm.

Vom Marontistrand ließ ich mich bequem mit einem Wassertaxi zum Hafen nach Sant'Angelo schippern. Eine kleine vorgelagerte Insel, die mit dem Festland nur durch eine Brücke verbunden ist. Gelassen bummelte ich durch den autofreien Fischer- und Ferienort, bis ich dann müde aber glücklich mit dem Bus zurück nach Porto fuhr.

Vor Tagen hatte ich ein kleines Restaurant am Strand von Porto entdeckt, dass einen fantastischen Panoramablick aufs Meer hatte. Beim Wellenrauschen und Sonnenuntergang zu Abend essen, das wollte ich mir an diesem Abend gönnen.

Unschlüssig blieb ich stehen, als ich die Tür zum Restaurant öffnete und in den menschenleeren Raum starrte, der mit weißer Tischwäsche sehr gepflegt eingedeckt war.

„Guten Abend Signora, bitte kommen Sie doch herein!", begrüßte mich freundlich ein Kellner.

„Ich glaube?", stotterte ich und zeigte auf meine Shorts, „ich bin nicht richtig angezogen."

„Macht doch nichts, Sie bekommen auch mit Shorts bei uns etwas zu Essen."

„Eigentlich wollte ich nur eine Kleinigkeit essen und kein großartiges Menü", startete ich einen letzten Versuch, mich aus den Staub zu machen. Und schon hielt er mir die aufgeschlagene Menükarte unter die Nase. Kurz schaute ich drauf und war erstaunt, die Preise sahen bezahlbar aus. Einen Platz in der ersten Reihe direkt an einem der Fenster, bekam ich natürlich nicht.

„Alle für Paare reserviert", murmelte er und setzte mich an einen Zweiertisch in der Mitte der letzten Reihe. Das war ja viel besser, hier hatte ich nicht nur den rundum Panoramablick nach draußen, sondern auch einen totalen Überblick im Raum zum ‚Leutegucken', wenn sie denn eintrudelten. Leises Rauschen der Wellen drang durch die halb offenen Fenster. Kaum saß ich, stellte mir der nette Kellner ein Glas mit Sekt sowie ein Schälchen Oliven hin. „Zur Begrüßung", meinte er. Während wir uns gemeinsam die Speisekarte anschauten, die ich eh nicht verstand, machte er mir einige Vorschläge.

Ein wohlbekannter Duft stieg mir in die Nase, als der Kellner mir die Vorspeise, Honigmelone mit köstlichem Schinken, servierte. Während der Kellner später den leergeputzten Teller abräumte, fragte er, wie es mir geschmeckt hat. „Sehr gut", antwortete ich, „das war kein Parma oder, ich schätze Serrano?" Bejahend nickte er. War natürlich reiner Zufall! Ständig brachte er mir zwischendurch kleine Köstlichkeiten. „Zum Probieren", meinte er. Inzwischen war das Restaurant voll. Das Wellenrauschen wurde vom lauten Stimmengewirr übertönt, und den Sonnenuntergang hatte ich auch komplett vergessen. Als ich bemerkte, wie eine Dame mit ihrem Messer die Reste vom Teller kratzte und es anschließend in den Mund steckte, war ich doch noch angekommen beim ‚Leute gucken'. ‚Na na', dachte ich, ‚das macht man aber nicht, schon gar nicht in so einem feinen Restaurant'. Danach fummelte sie ständig mit mehreren Fingern an ihrer Nase rum. Etwas später kratzte sie sich am Kopf, bis sie bemerkte, dass ich sie beobachtete. Statt nun aufzuhören, wurde sie noch nervöser. Schnell schaute ich weg. Die Hauptspeise war der Hammer, obwohl ich ihm gesagt hatte, er soll nicht so viel anschleppen, denn eigentlich konnte ich gar nichts mehr essen. Fünf verschiedene Fischsorten. Ich aß nur noch Fisch und ließ die Beilagen liegen. Auch, wenn er noch so bettelte, bei der Nachspeise musste ich passen. Die ganze Chose dauerte über zwei Stunden.

Ein Verwöhn-Programm, wie ich es mir in meinen kühnsten Träumen nicht hätte vorstellen können. Die Rechnung? Ich konnte es nicht glauben: Vierzig Euro, denn Wein hatte ich ja auch noch getrunken. Beim Verlassen des Restaurants entdeckte ich Michele mit seinen Bürodamen. Er lächelte mich an und sagte: „Sie haben eine gute Wahl getroffen, es ist das beste Restaurant in der Stadt." Wir scherzten noch eine Weile, dann war ich draußen und schwor mir: Sollte ich wieder nach Ischia kommen und ins Alberto gehen, style ich mich vorher auf. Auf dem Weg ins Hotel musste ich an Rom denken.

Rom war anders. Weil mein Mann Vielflieger war, durften wir uns bis zum Abflug – ganz wichtig – in der Business Lounge am Flughafen die Zeit vertreiben. Als sich die Rezeptionistin unsere Bordkarten anschaute, säuselte sie:

„Ah, Sie fliegen nach Rom", dann sollten Sie unbedingt Alfredo besuchen!" Sie betonte es so, als sei es das Selbstverständlichste von der Welt. „Alfredo?", wiederholte ich erstaunt.

„Ja, seine Fettuccine sind weltberühmt! Fettuccine bei Alfredo", wiederholte sie und geriet ins Schwärmen, „glauben Sie mir, Sie sollten sie nicht verpassen!" Aha, nicht nur das Colosseum und Co., auch Alfredo ist weltberühmt. Komisch, davon hatte ich noch nie gehört. Aber ich bin ja auch keine Nobelrestaurantgängerin.

„Was ist denn das Besondere daran?", hakte ich nach. Ich wusste bis dahin nicht einmal, was Fettuccine sind.

„Die Zubereitung, er macht sie selbst und richtet sie nur mit Butter an, eine Delikatesse, sage ich Ihnen. Sie werden sehen, alle Berühmtheiten dieser Welt waren schon da und haben ihr Konterfei an den Wänden des Restaurants hinterlassen. Beim Abschied fragte ich sie, was denn Fettuccine eigentlich seien. „Eine Nudelspezialität."

„Na, wenn es so ist", sagte ich später zu meinem Mann, „könnten wir ja auch mal dazugehören, wenn wir schon mal in Rom sind."

„Wo zugehören?", fragte er verwundert.

„Na, zu den berühmten Leuten oder uns zumindest so fühlen und Fettuccine bei Alfredo speisen. Nudeln mit Butter können ja nicht die Welt kosten. Also nichts, wie hin."

Janine, unsere Tochter, die einen Tag später in Rom eintraf, war von der Idee, Alfredo zu besuchen, begeistert. Schließlich hat sie selbst

drei Jahre in Paris gelebt und liebt Spezialitäten. Sie wusste natürlich auch, was Fettuccine sind. Frohgelaunt machten wir uns auf den Weg zu Alfredo. Wir staunten nicht schlecht, als der Kellner uns die in buttergeschwenkten, ungefähr 1 cm breiten, bandähnlichen Nudeln auf großen Suppentellern – Verzeihung: Pastatellern – servierte. „Ist das alles?" Erstaunt schauten wir uns an. Kein Salatblatt, keine Soße, nichts, nur eine kleine Miniportion nackte Nudeln. Suchend schauten wir uns um, in der Hoffnung, da kommt noch was. Es kam nichts! Vorwurfsvoll schaute mein Mann mich an: „Das haben wir nun davon, du musstest ja unbedingt auf die komische Tante von der Business Lounge hören, meinst du, ich esse nur Nudeln ohne was?!" „Mensch, mach hier jetzt bloß keinen Aufstand, probiere doch wenigstens mal!"
Ich nahm das Besteck und schob mir die erste Portion in den Mund. „Na ja, schmecken wenigstens nach Butternudeln." Die Rechnung? Drei Portionen Butternudeln sowie drei halbe Gläser Weißwein, denn 1cl sind für mich ein halbes Glas, stolze einhundertzehn Mark. Das Ende vom Lied, obwohl mir und meinem Mann der Appetit vergangen war, mussten wir mit Janine noch einmal Essen gehen.

War ich froh, bei Alberto auf Ischia königlich gespeist zu haben. Um meine weitere Reise zu planen, besuchte ich Michele vom Ischia-Tourist in Porto. Er empfahl mir, zuerst ein paar Tage im Hotel Londra in Sorrento zu übernachten, um von dort Tagesausflüge in alle Richtungen zu unternehmen. Für drei Tage buchte er mir ein Hotel auf Capri. Beim Abschied gab er mir noch den Tipp, bevor ich Ischia wieder verlasse, solle ich mir noch unbedingt die kleine Fischer-Insel Procida anschauen. Einen Gutschein für eine dreistündige Vulkan-Wanderung durch grüne Wälder zur Erdgeschichte von Ischia, mit dem Diplom-Geologen und Wanderführer Aniello Di Iorio, drückte mir Michele auch noch in die Hand. Gleich früh morgens machte ich mich auf den Weg zur Fähre, die mich rüber zur drei Kilometer entfernten Fischer-Insel Procida brachte. Schmale, aneinandergereihte mehrstöckige Häuser entlang der Hafenfront, getaucht in kräftigen Pastelltönen, empfingen mich. Einen Hafen an- oder auslaufen, egal mit welchem Schiff, ist jedes Mal ein aufregendes Erlebnis für mich. Etwas weniger als 4,1 Quadratkilometer groß ist die Insel. Seit dem 19. Jahrhundert ist

Procida ein maritimer Handelsposten, und bis heute ist sie eine Insel der Seefahrer geblieben. Das „l'Istituto Nautico" soll die älteste noch auszubildende Seefahrtschule Europas sein. Die besten Kapitäne sollen von hier kommen.

Zu Fuß erforschte ich die Altstadt mit ihren verwinkelten, schmalen Gassen. Stets begleiteten mich pastellfarbene Häuser mit ihren verschachtelten Terrassen und Veranden sowie deren orientalischen Rundbögen. Während ich mir im Fischerdorf der Marina Corricella eine Ruhepause gönnte, schaute ich den Fischern beim Flicken ihrer Netze zu.

Genug geträumt, ich wollte ja noch quer über die Insel zur Marina Chiaiolella laufen. Touristen habe ich unterwegs keine getroffen und Einheimische auch kaum. Vogelgezwitscher und der Duft von den wild blühenden Blumen sowie Zitronen und Orangenbäume waren auf den schmalen Straßen meine Begleiter. Wieder wurde ich für meine Mühe belohnt, als ich mich in einem malerischen Yachthafen wiederfand. Direkt am Hafen suchte ich mir einen freien Tisch und ließ mir ein köstliches Fischgericht schmecken. Gestärkt schaute ich mir noch ein Zimmer im kleinen Hotel direkt am Kai mit einem traumhaften Blick über den Yachthafen an. Für alle Fälle, falls ich noch einmal hierher zurückkommen werde. Man weiß ja nie! Bevor ich mich auf den Heimweg machte, schaute ich mir noch den weitläufigen Strand an, der unweit der Marina Chiaiolella lag. Mit einem Kleinbus fuhr ich dann zurück zur Marina Grande. Bin ich Michele dankbar für diesen Tipp.

Am Ende meiner Wellnesswoche auf Ischia war meine Haut straff und babyweich. Diese Insel war der reinste Jungbrunnen. Zu neuen Taten bereit, machte ich mich auf den Weg zum Hafen. Bevor die Fähre, die mich nach Sorrento bringen sollte, eintrudelte, kam ich ins Gespräch mit dem Mann einer jungen englischen Familie, die neben mir auf der Bank saß. Mein neuer Gesprächspartner entpuppte sich als perfekter Gentleman, denn für sein Gepäck hatte er einen Portier angeheuert, der es nicht nur auf das Schiff brachte, sondern es auch dort verstaute. Weil er nun selbst nichts mehr zum Schleppen hatte, nahm er kurzerhand meinen Koffer mit an Bord und verstaute ihn auch noch. Widerstand war zwecklos. War mir das peinlich.

In Sorrento angekommen, war ich mal wieder zu geizig, mir ein

Taxi zu nehmen und machte mich zu Fuß auf den Weg ins Hotel. Anfangs war die Straße noch flach, doch sehr schnell ging es steil bergan. Malerisch liegt die Halbinsel hoch oben auf den Klippen. Wusste ich doch nicht. Die Sonne knallte bereits um elf Uhr vom Himmel. Als ich dann endlich oben angelangt war, musste ich einen langen Weg durch die Stadt latschen, bis endlich das Hotel Londra kam. Wäre ja nicht weiter schlimm gewesen, im Gegenteil, diese schöne Stadt in herrlicher Panoramalage hoch über dem Golf von Neapel, müsste ja ein Genuss sein, sie zu durchlaufen, wenn da nicht der schwere Koffer gewesen wäre. Übrigens, das Hotel Londra war der zweite gute Tipp von Michele. Ein einfaches Hotel, dafür sehr günstig. Gute Matratze, alles sehr sauber und sehr freundliches Personal. Für sechs Nächte hatte Michele es für mich gebucht, dachte ich. Von hier aus wollte ich meine täglichen Ausflüge rund um den Golf von Neapel starten und nahm mir gleich für den nächsten Tag Neapel vor.

Genervt stand ich in Neapel vor einem Kiosk, er war geschlossen. Kein Busticket, keine Fahrt. Nun lief ich zu Fuß kreuz und quer durch die Innenstadt. Auf einem Gemüse- und Fischmarkt kaufte ich mir zuckersüße schwarze Kirschen. Eine Weile beobachtete ich noch das bunte Treiben der Händler und Besucher, dann lief ich weiter durch die Straßen der Stadt. An einem Klamottenladen blieb ich stehen. Eine dreiviertel, lange Hose mit vielen Taschen und Reißverschlüssen lachte mich an. Nur, das Geschäft hatte, wie alle anderen auch, heute geschlossen. Dabei wäre es die ideale Hose, um meine Wertsachen darin zu verteilen. Denn es hieß ja, in Neapel wimmelt es nur so von Taschendieben. Hab zwar keine gesehen, außer einem Polizisten, der mit einer Billighandtasche unterm Arm, die Besitzerin zu suchen schien. Die Stadt war ruhig, wie ausgestorben, an diesem Sonntagvormittag.

Wieder musste ich an Rom denken, wie anders es dort war:

Während ich in Rom allein unterwegs war, hatte mein Mann einen netten Italiener im McDonalds Restaurant kennengelernt. Sie kamen ins Gespräch. Mein Mann, der Pfennigfuchser, fragte ihn, ob er wüsste, wo er beim Geldtauschen die meisten Lire bekommt. „Bei mir", antwortete der Italiener, selbstbewusst. Es war kurz vor dem Euro. Ich warnte meinen Mann mit den Worten: „Glaubst du, der meint es ehrlich?"

„Ja sicher, er ist ein Geschäftsmann, um sicher zu gehen; habe ich ihn zu uns in die Hotelhalle bestellt." Kaum standen wir zur verabredeten Zeit in der Hotelhalle, tauchte auch schon dieser kleine schmächtige Mafiosi-Verschnitt auf. Fuchtelnd mit Händen und Füßen meinte er, dass er hier in der Hotelhalle kein Geld tauschen darf, denn es könnte sein, dass dann die Hotelangestellten uns die Polizei auf den Hals schicken würden. Also verdrückten wir uns in einen Hauseingang um die Ecke. Als erstes reichte er meinem Mann mehrere Banknoten in Lire, damit er sie auf Echtheit überprüfen konnte. Dann ging alles ganz schnell. Der Mafiosi-Verschnitt nahm die restlichen Scheine aus seiner Jackentasche, rollte sie zusammen und steckte sie mir in die Blusentasche. Wir dachten an einen Geck. Ich wunderte mich, warum seine Hände dabei so zitterten. Dachte dann aber, er sei Alkoholiker. Mein Mann gab ihm die deutschen Banknoten. Er steckte sie ein, bedankte sich und schon war er verschwunden. Mein Mann nahm die Geldrolle aus meiner Blusentasche, entrollte sie und wurde ganz blass, denn es war kein Geck, es war ein Zaubertrick. Nur die ersten Scheine waren echt, alle anderen waren Zeitungausschnitte. Verlust ungefähr 500 Mark. Nun wurde mir klar, sein Zittern kam nicht vom Alkohol, sondern, es war die pure Angst und Aufregung. Immerhin war mein Mann ein Riese gegenüber diesem kleinen Wicht. Die Polizei schüttelte nur mit dem Kopf, sie kannte diese Späßchen zur Genüge. „Das sind Tagesdiebe, die sind längst im Zug nach Neapel, dort wohnen sie", meinte er achselzuckend.

Also konnte ich hier in Neapel beruhigt durch die Straßen bummeln, die Ganoven schienen alle in Rom zu sein – zumindest an diesem Sonntag. Irgendwann landete ich am Castel Nuovo und schaute mir die Burg von draußen an. Als Nächstes befand ich mich vor dem Haupteingang der historischen Einkaufspassage Galleria Umberto I und staunte über das überdimensionale Eingangsportal mit seinen Säulen und Statuen. Wow, ein Konsumtempel der ganz besonderen Art lachte oder, besser gesagt, strahlte mir entgegen, als ich ihn betrat. Über fünfzig Meter hohe gewölbte Dächer aus Glas und Stahl, blitzblanker Marmorfußboden, von dem man Essen konnte, wenn man wollte. Große Mosaikbilder, die, jedes für sich, eins der zwölf Sternzeichen darstellte, unterbrachen die glänzende Marmorfläche. Die mit Stuck und Rundbögen verzierten Häuserfassaden entlang der Marmorstraßen, die sich in der Mitte kreuzten, sahen wie ein historischer Stadtteil aus. Diese Galleria wurde nach dem Vorbild der Mailänder Galleria Vittorio Emanuele II gebaut und 1901 eröffnet. Leider waren auch hier alle Geschäfte geschlossen. Beim Verlassen dieses wunderschönen Konsumtempels durch einen Seiteneingang stieg mir ein starker Uringeruch in die Nase. Wahrscheinlich waren es die Obdachlosen, die einfach diese edlen Mauern missbrauchten. Schade, kopfschüttelnd ging ich meines Weges.

Ein paar Schritte weiter war ich in der historischen Altstadt Neapels angekommen. Das war`s, was ich suchte: Ein Stadtteil, in dem auch Otto Normalverbraucher wohnen! Das echte authentische Neapel eben. Hier, wo die Gassen eng waren, die Wäsche auf den Wäscheleinen hoch über den Köpfen der Passanten hing, hätte ich lautes Stimmengewirr sowie buntes Treiben der Menschen auf den Straßen erwartet. Nur, auch dieser Stadtteil war wie leergefegt. Wie eine Geisterstadt kam sie mir vor, als ich durch die engen, teilweise dunklen Gassen schlich. Mag auch an der Mittagszeit gelegen haben. Als ich genug von der Stille hatte, lief ich in Richtung Promenade. An der kilometerlangen Uferstraße Via Francesco Caracciolo sah ich den Grund für die fast menschenleere Stadt. Hier saßen die Neapolitaner auf den Steinblöcken, die das Meer von der Promenade trennte und sonnten sich. Umgeben von ihren Picknickutensilien hatten sie den traumhaften Ausblick nicht nur aufs Meer, sondern auch auf den Vesuv.

Ich setzte mich lieber auf eine Bank im gegenüberliegenden Park in den Schatten einer mächtigen Platane. Gerade wollte ich ins leckere Brot beißen, das ich mir am Frühstückstisch geschmiert hatte, da setzte sich ein kleiner älterer Italiener völlig ungeniert direkt neben mich – zu dicht, wie ich fand. Ich rutschte weiter nach rechts. Er auch. Ohne Umschweife fiel er gleich mit der Tür ins Haus und baggerte mich an. Mit bösem Blick rief ich ihn zur Ordnung. Interessierte ihn nicht. Er machte lustig weiter. Auch, wenn er mich nicht verstand, schimpfte ich: „Aha, so machst du das, deine Frau kocht zu Hause das Essen, und du baggerst hier wildfremde Frauen an, nicht mit mir, mein Lieber!" Ich zeigte ihm einen Vogel, stand auf und ging schnellen Schrittes weiter. Er blieb zurück. Auf einer anderen Bank verspeiste ich in Ruhe mein Mitgebrachtes.

Endlich hatte ich eine Metro gefunden – dachte ich. In der Schalterhalle, die außergewöhnlich gepflegt aussah, verlangte ich ein Billet
nach Sorrento: Die Dame konnte oder wollte mich nicht verstehen,
erst nach meiner dritten Wiederholung lächelte sie und antwortete:
„No, no, Signora, no Metro-Stazione, Cinema."
Stand doch groß ‚Metropolitan' draußen dran. Enttäuscht ging ich
von dannen, denn ich konnte kaum noch laufen. Endlich fand ich
einen Kiosk, der inzwischen geöffnet hatte und kaufte mir ein
Busticket. Mit dem Bus fuhr ich dann zum Hauptbahnhof, um von
dort zurück nach Sorrento zu fahren.
Sobald ich in meinem Hotel zurück war, ging ich rüber zur Cock-
tailbar. Sie lag direkt an der Steilküste, mit einer traumhaften
Aussicht aufs Meer sowie den Inseln und auf den Vesuv. Kurz bevor
die Sonne unterging, waren alle Tische rund um die Bar bis auf den
letzten Platz besetzt. Gebannt schauten alle aufs Meer hinaus, bis
die Sonne als glutroter riesiger Feuerball im Meer versank und ein
Farbenspiel von unglaublicher Schönheit hinterließ. Bei Café-del-
Mare-Musik war wohl jeder für ein paar Minuten von dieser über-
wältigenden Stimmung gefangen. Bereits seit zweitausend Jahren
sollen Menschen aus allen Himmelsrichtungen deswegen nach
Sorrento gereist sein. Früh ging ich schlafen und freute mich auf
den nächsten Tag.

Wie bunte Schwalbennester fügten sich die pastellfarbenen Häuser
an den Hang von Positano. Mein erster Stopp. Vom armen Fischerdorf hat sich Positano zur Perle der Amalfiküste gemausert. Der
Schriftsteller, John Steinbeck, schrieb in einer Abhandlung über
Positano:
„Es ist der einzige senkrechte Ort der Welt. Positano geht unter die
Haut. Es wirkt nicht real, wenn du dort bist. Aber verlockend real,
wenn du gegangen bist."
Auch mir erging es so, als ich treppauf und treppab durch die engen
und verwinkelten Gassen lief, um Positano zu erforschen. Stets auf
der Hut, um ja nicht die traumhaften Aussichten, die sich mir zwi-
schen den Häusern boten, zu verpassen. Ich kniff mich in den Arm,
ob das alles Wirklichkeit war. So erging es mir oft - am Golf von
Neapel.
Vom vielen Treppenlaufen geschafft, setzte ich mich in den näch-

sten Bus und fuhr bis Amalfi. Mir wurde angst und bange, wenn der Busfahrer in jeder Kurve, um ein entgegenkommendes Fahrzeug vorbeizulassen, bedenklich nahe an den Abgrund fuhr. Auch, wenn die Aussicht auf den Golf von Salerno atemberaubend schön war, so blieb mir doch nach jeder Kurve ein komisches Gefühl in der Magengegend. Der Fahrer hatte anscheinend nichts Besseres zu tun, als mit einem Fahrgast, der extra bei ihm vorn stehengeblieben war, 'rumzupalavern. Ich atmete auf, als der Fahrgast endlich ausstieg. Zu früh gefreut, bereits an der nächsten Haltestelle erschien wieder einer auf der Bildfläche und blieb vorn stehen. Überraschung: Es war ein Troubadour. Er wollte nicht den Busfahrer unterhalten, sondern uns. Er schmetterte ein italienisches Lied nach dem anderen. Zeitweise dachte ich: Pavarotti singt persönlich. So gut klang seine Stimme. Bevor der Troubadour den Bus wieder verließ, bekam er von uns einen tosenden Beifall.

Das Prunkstück in Amalfi ist wohl der über tausend Jahre alte Dom „Sant' Andrea" mit seinem gewaltigen Glockenturm, die mit Mosaiken und Gold verzierte Fassade sowie der Paradieskreuzgang und die verschwenderische Pracht in der Krypta.
Während ich unterhalb des Doms einen Cappuccino auf der Piazza Duomo trank, tauchte eine Hochzeitsgesellschaft auf. Sie verteilten sich auf den vielen breiten Treppenstufen, die zum Portal des Doms hinaufführten. Das Brautpaar postierte sich auf der obersten Treppenstufe vor dem Portal. Ein Traum von einem weißen Hochzeitskleid aus kostbarer Spitze und einem ebenso kostbaren langen Schleier, der kunstvoll auf den letzten beiden Stufen drapiert wurde, ließ die Braut wunderschön, fast märchenhaft, aussehen. Kameras blitzten auf.
Bevor ich mich wieder zur Busstation am Hafen begab, schlenderte ich noch ein wenig durch die engen Gassen der historischen Altstadt. Ich konnte den vielen Auslagen der Geschäfte nicht wiederstehen und kaufte mir eine hauchdünne schneeweiße Baumwollbluse sowie einen hübsch bemalten Keramikuntersetzter. Zufrieden stieg ich in den nächsten Bus und fuhr ins fünf Kilometer entfernte Ravello.
Das letzte Stück der steil ansteigenden Straße musste ich auf Schusters Rappen laufen. Richard Wagner hatte da mehr Glück, er

ließ sich von einem Esel hinauf bringen.

„Ich habe den Zaubergarten von Klingsor* gefunden!", schrieb Wagner 1880 als er den Garten der Villa Rufolo betrat. Viele berühmte Künstler kamen hierher und schwärmten von der Schönheit und Eleganz Ravellos. Humphrey Bogart und Sophia Loren, um nur einige der Berühmtheiten zu nennen, haben hier 300 Meter über dem Meeresspiegel ihre Filme gedreht.

In den Gärten der Villa fand Richard Wagner 1880 die Inspiration für das Bühnenbild des 2. Aktes, 'Klingsors Zaubergarten' seiner Oper „Parsifal".

Nun saß ich hier, in der ersten Reihe auf der Tribüne der Villa Rufolo inmitten einer Traumkulisse: unter mir tiefblaues Meer, über mir strahlend blauer Himmel sowie einem sagenhaften Blick auf die umliegenden, grünen Berghänge mit ihren Weinterrassen und die verschwenderische Blütenpracht im Garten der Villa. Lautes Vogelgezwitscher und Glockengeläut einer Kirche klangen wie Musik in meinen Ohren. Da machte es nichts, wenn Parsival erst später kommt. Denn für das jährliche „Wagner-Festival" war ich eine Woche zu früh. Bereits 1953 wurde es zu Ehren von Richard Wagner ins Leben gerufen und ist somit eines der ältesten Open Air Festivals Europas.

Zeit für Pompeji: Als es Bimssteine und vulkanische Asche regnete, war bereits nach kurzer Zeit alles vorbei, jegliches Leben erstickt oder erschlagen. Danach lag die Stadt für Eineinhalbjahrtausend unter einer 25 Meter dicken Sedimentschicht begraben. Bis sie in jahrhundertelanger Arbeit von verschiedenen Nationen wieder freigelegt wurde.

Während ich in Gedanken versunken durch die antiken Straßen der archäologischen Ausgrabungsstätte von Pompeji wanderte, dachte ich über das kostbare Leben eines Menschen nach: Wie die Naturgewalten stets aufs Neue und ganz überraschend das Leben von vielen Menschen einfach auslöschen kann. Stundenlang erforschte ich Schritt für Schritt die Straßen und Gebäude von Pompeji. Ich kam an einem Bordell vorbei, betrachtete die eindeutigen Wandmalereien, jedoch am meisten berührten mich die nachgemachten Menschenkörper. Man hat sie originalgetreu aus den

Hohlräumen, die sich in den gefunden Steinen befanden, geformt. Im Laufe der Zeit wurde aus der Asche, die den Menschen einst unter sich begrub, Stein. Der Mensch löste sich inzwischen auf, der Hohlraum blieb.

Mein letzter Blick galt, bevor ich Pompeji wieder verließ, dem Vesuv, denn da wollte ich ja auch noch rauf. Ne, bei aller Liebe und bei aller Schönheit, jetzt nicht mehr, denn er ist alles andere als eine harmlose touristische Attraktion. Er ist ein gefährliches Pulverfass! Vielleicht spuckt er mir dann womöglich noch Asche auf mein Haupt.

Lieber fuhr ich an meinem letzten Tag, den ich noch in Sorrento war, zur Tempelstadt nach Paestum.

„Was, Sie wollen an einem Tag nach Paestum hin- und zurückfahren? Ohne Auto schaffen Sie das niemals", warnte mich Frau Londra, als ich ihr den Zimmerschlüssel rüberreichte. Sie kannte mich nicht, wenn ich mir was in den Kopf setzte, versuchte ich es auch durchzuziehen.

Schon von weitem sah ich eine Menschenmenge an der Bushaltestelle stehen. Artig standen sie in Reih und Glied. Aha, Engländer, wie ich schnell feststellte. Ich überlegte: Wenn ich mich hinten anstelle, komme ich bestimmt nicht mehr mit. Kurzentschlossen machte ich einen Bogen um die wartenden Fahrgäste und schlich mich unauffällig seitlich vor den Bus. Als mich eine Frau, die gerade einsteigen wollte, entdeckte, sagte sie sehr höflich auf Englisch: „Come on Love, get in!" Sie ließ mir tatsächlich den Vortritt. Ich liebe höfliche Engländer. Aber auch singende und musizierende Italiener liebe ich. Der heutige Busfahrer war ein Alleskönner. Vor jeder Kurve, und die gibt es, wie schon erwähnt, mehr als genug auf der Amalfitana, hupte er. Nicht einfach nur so. Nein, er entpuppte sich zum Kurven-Trompeter: Da-ra-daradada, dann du-du-dudu, dududidu oder darada-du! Noch nie habe ich von einer Autohupe so viele verschiedene Töne vernommen. Eine ganz eigene Komposition, er sollte sie „Amalfitana-Serenade" nennen und sie sich schützen lassen. Außerdem fuhr er sehr langsam, damit wir nicht nur die unbeschreiblich schönen Ausblicke auf den Golf von Salerno genießen konnten, sondern auch über die Klippen hinab in die tiefen Abgründe schauen konnten. Ab und zu rief er ins Mikrofon: „Mayday, Mayday!" Zwischendurch sang er:

„That´s Amore." Mit der Hand zeigte er auf ein Haus und rief: „Schaut da unten, der große weiße Bungalow, der aussieht als würde er am Felsen kleben, der hat früher Sofia Loren gehört, heute gehört er mir." Zum Schluss zeigte er tief unter uns auf eine Luxusyacht, die vorm Ufer ankerte, und meinte: „Auch meine, heute Abend gibt's da eine Party, viele hübsche Frauen, ihr seid alle willkommen!" Wieder grölte der ganze Bus vor Lachen. Bei einer besonders schönen Aussicht legte er sogar einen Foto-Stopp ein. Danach spielte er vom Band Lieder von Adriano Celantano. Wieder musste ich mich zusammenreißen, um nicht vor lauter Sentimentalität loszuheulen.

„Welcome to Amalfi, to Paradiso", waren seine letzten Worte, bevor wir ausstiegen. Da ich dieses Paradies bereits kannte, stieg ich gleich um in den Bus nach Salerno. Dort wechselte ich abermals den Bus. Bis ich dann endlich mitten in der Walachei mit nur drei Häusern und einem Tabak- und Tante Emma-Laden ausstieg. Im Laden kaufte ich mir auch gleich meine Busfahrkarte für die Rückfahrt.

Wenig später stand ich vor der besterhaltenen griechischen Tempelanlage außerhalb Griechenlands. Ich war gut in der Zeit. Ganz bequem bummelte ich von einem Tempel zum nächsten, um mir die Reste der Tempelanlagen mit dem Neptuntempel, den Cerestempel sowie die Basilika, in Ruhe anzuschauen.

Was waren die Griechen doch früher für hartgesottene Menschen und starke Kerle, als sie sich selbst zu helfen wussten und sie sich hier in Italien im 7. Jh. v. Chr. ansiedelten, um für die Ewigkeit diese Tempelstadt, die sie Poseidonia nannten, und zu Ehren des Meeresgottes Poseidon (röm.: Neptun) den großen Tempel errichteten.

Noch ganz berauscht von den historischen Tempeln, bummelte ich zurück zur Bushaltestelle und setzte mich auf die Bank. Es wurde vier Uhr, kein Bus in Sicht. Es wurde fünf, noch immer kein Bus. Zwischendurch lief ich rüber zum kleinen Laden. Sie gaben mir zu verstehen, ich solle ruhig noch warten, der wird schon kommen. Nun wurde es sechs, und ich sehr unruhig. Bevor die Frau den Laden schloss, fragte ich noch einmal nach. Da meinte sie, ich könne auch zum Bahnhof gehen, von dort fahren auch Züge nach Neapel. Sie zeichnete mir den Weg zum Bahnhof Paestum auf.

Mit „Hallo", begrüßte ich zwei junge Rucksacktouristen, die am

Fahrkartenautomaten in der kleinen Bahnhofshalle standen.

„Haben Sie eine Fahrkarte?" Sie sprachen deutsch mit mir. Wahrscheinlich klang mein Hallo so deutsch.

„Nein, warum?"

Für den Regionalzug, der direkt nach Neapel fährt, brauchen Sie aber eine Fahrkarte, die es hier im Automaten nicht gibt."

„Wie bitte, ein Fahrkartenautomat ohne Fahrkarten."

„Fahrkarten schon, aber nur für Fernzüge."

Dumm gelaufen, nun hatte ich eine Fahrkarte für einen Bus, der nicht fährt, aber keine Fahrkarte für einen Zug, der in einer halben Stunden kommen sollte. Hin und her überlegten wir, wie es weitergehen soll, denn die beiden hatten auch keine Fahrkarte.

„Die einzige Möglichkeit, hier heute noch mal wegzukommen, wäre zum Hauptort am Strand zu gehen, um sich dort in einem Tabakladen eine Fahrkarte zu kaufen", schlug der junge Mann vor. Wohl oder übel trottete ich mit beiden los. Allmählich wurde es dunkel. Wir waren vielleicht zehn Minuten gelaufen, da kam uns ein Bus entgegen. Schnell sprang ich auf die Straße und winkte dem Busfahrer entgegen. Tatsächlich, er hielt und öffnete die Fahrertür, ich stieg ein. Die beiden jungen Leute, liefen weiter zum Strand. Ich zeigte dem Fahrer meine Fahrkarte und fragte: „Salerno?" Er nickte freundlich. In Salerno konnte ich mir dann eine Fahrkarte für Neapel kaufen. Spät nachts kam ich im Hotel Londra in Sorrento an. Das war noch mal gut gegangen.

Bevor ich meine Zelte in Sorrento abbrach, erleichterte ich erstmal meinen Koffer, wie schon öfters auf meinen Reisen. Frau Londra meinte:

„Geben Sie ruhig alles her, was Sie nicht mehr brauchen, mein Nachtportier hat eine große Familie und freut sich über jedes Teil, was Sie ihm schenken." Als Dankeschön schenkte sie mir einen gläsernen Damenschuh gefüllt mit Limoncello, Zitronenlikör.

Das Lied: „Wenn auf Capri die rote Sonne...", sang ich bereits als Kind.

Nun wollte ich es persönlich erleben.

Allein schon die Minikreuzfahrt von Sorrento zum Hafen „Marina Grande" auf Capri war ein besonderes Erlebnis. Auf einer Küstenstraße, die hinauf nach Anacapri führte, brachte mich der Taxifahrer ins Hotel San Michele. Es war nur durch die Straße von der

Steilküste entfernt. Morgens viertel nach neun, reichte ich der Rezeptionistin meinen Voucher mit den Worten:

„Ich bin extra früh gekommen, damit ich den ganzen Tag für die Insel habe, falls das Zimmer noch belegt ist, reicht es, wenn Sie meinen Koffer aufbewahren." Sie schaute auf meinen Voucher, dann in den PC, danach schaute sie mich an und antwortete erstaunt:

„Wieso früh, sie sind zu spät! Genau zwei Tage, wir haben Sie bereits am Mittwoch erwartet!"

Im ersten Moment kapierte ich gar nicht, was sie meinte, und antwortete trotzig:

„Wieso zu spät? Michele vom Ischia Tourist, hat es so für mich gebucht – eine Woche Sorrento und drei Tage Capri. Hier bin ich nun."

Sie nahm einen gelben Marker und markierte das Datum und den Anreisetag auf meinem Voucher. Tatsächlich, Anreisetag war Mittwoch.

„Und nun?", fragte ich bestürzt. „Was heiß das jetzt für mich?"

„Das Sie für drei Nächte bezahlt haben, aber nur eine Nacht bleiben können." Mir fiel die Kinnlade 'runter. Sie schaute noch einmal in ihren Computer und sagte schließlich „Ich sehe gerade, Sie sind Selbstzahler, da brauchen Sie nur für die eine Nacht bezahlen, die Sie hier sind." Ich atmete auf. Dann kam die nächste Enttäuschung von ihren Lippen:

„Nur, länger bleiben können Sie trotzdem nicht, wir sind an diesem Wochenende restlos ausgebucht." Sie versuchte, mich in einem anderen Hotel unterzubringen, aber nichts zu machen, alles war ausgebucht. Während ich völlig enttäuscht so dastand, murmelte ich:

„Nun habe ich wegen meiner eigenen Schusseligkeit das Paradies verpennt!"

Um möglichst viel in kurzer Zeit von der Insel zu sehen, rannte ich los. Wie ein Tagestourist eben, was ich von vornherein vermeiden wollte. Zuerst durchstreifte ich Annacapri und besuchte die Villa San Michele. Einst hatte hier der römische Kaiser Tiberius seine Villa stehen. Im 19. Jh. baute dann der schwedische Armen- und Modearzt sowie Schriftsteller Axel Munthe auf dem Grundstück seine Villa. Heute ist es ein Museum. Mit dem Bus fuhr ich hinunter nach Capri und aß auf der berühmten Piazza Umberto zu Mittag.

Um keine Zeit zu verlieren, machte ich mich gleich danach auf den Weg zur malerischen Marina Piccolo, der südliche Anlegeplatz der Insel. Heiß knallte die Sonne vom Himmel. Das glasklare grün-schimmernde Meer sah verlockend aus. Nur, ich hatte keinen Badeanzug dabei. Ein Mann durchpflügte mit weit ausholenden Armen das Wasser, seine Kleidung hatte er auf einem Felsbrocken neben dem Strand liegen. Ich zog meine Sandalen aus und ging knöcheltief ins Wasser. Ein unbeschreiblich angenehmes Gefühl machte sich in meinen heißgelaufenen Füßen breit. Die Stimmen der Sirenen vom „Scoglio delle Sirene", dem Sirenenfelsen, der den Strand von Marina Piccola in zwei kleine Buchten unterteilt, raunten mir zu:

„Komm, komm ins kühle erfrischende Wasser". Der Felsen war laut Volksmund die Heimat jener mythischen Fabelwesen. Schnell zog ich meine Shorts und T-Shirt aus und schon war ich im kühlen erfrischenden Nass. Ein kleines Händehandtuch zum Abtrocken hatte ich stets in meinem Rucksack.

Am Spätnachmittag fuhr ich zurück nach Anacapri und ließ mich mit dem Sessellift auf den höchsten Punkt der Insel, den fast sechshundert Meter hohen Monte Solaro, hochschaukeln. Berauscht vom märchenhaften Panorama auf einem der schönsten Küstenstriche Europas – dem Golf von Neapel bis hin zum Golf von Salerno sowie die kleine Fischerinsel Procida und die Wellnessinsel Ischia – musste ich schlucken, damit mir nicht die Tränen kamen.

Völlig erschöpft saß ich später auf der Terrasse meines Hotels und bestellte mir schon mal einen Campari Orange und wartete auf den berühmten Sonnenuntergang. Kurz bevor der knallrote Feuerball das Meer berührte, schoben sich zaghafte Wolkenstreifen vor die Sonne. Jedoch die Kraft der Sonne war stärker. Am Ende ragte nur noch eine kleine Sichel hervor, bis auch sie verschwand und ein einziges Flammenmeer in den verschiedensten Rottönen hinterließ, wie ich es selten gesehen habe. Als wollte die Sonne noch einmal ihre ganze Kraft des Feuers über die Erde verstreuen.

„Leider sind die Tische am Panoramafenster für Paare reserviert", bemerkte der Ober und wies mir einen kleinen Tisch in der letzten Reihe zu. Als er mein enttäuschtes Gesicht sah, tröstete er mich mit den Worten:

„Zum Frühstück können Sie sich direkt ans Panoramafenster setzen, wir reservieren nur abends." Das nahm ich ernst. Gleich morgens früh setzte ich mich an einen Fensterplatz mit traumhafter Kulisse auf die Marina Grande. Wie kleine Spielzeugschiffe sahen die Boote von hier oben aus. Ich biss gerade in ein leckeres Brötchen, da sah ich, wie das Segelkreuzfahrtschiff, die „Club Med II", auch „weiße Lady" genannt, auf den Hafen Marina Grande zusteuerte. Kaum hatte sie geankert, tauchte ein zweiter Großsegler, der Viermaster „Star Clipper", auf.

Wieder nahmen Erinnerungen Besitz von mir:

Mit einem Sektglas in der Hand standen Janine und ich am Deck der Club Med II. Während das Schiff den romantischen Hafen von Porto Venere verließ, folgte ihr die Star Clipper. Beide Schiffe setzten ihre Segel und fuhren aufs Meer hinaus. Aus dem Lautsprecher ertönte das Lied – Empress of Paradise. Vor uns die untergehende Sonne, hinter uns die immer kleiner werdende grüne Küste von Ligurien und der Cinque Terre, um uns herum flatterten die Segel im Wind. Das ging unter die Haut. Wir bekamen feuchte Augen. Bis sich dann die Schiffe mit einem Hupkonzert voneinander verabschiedeten, und jedes seine eigene Route verfolgte.

Zeit für Gefühle – verstohlen wischte ich mir hier am Frühstückstisch des Hotels San Michele, mit einer Stoffserviette eine Träne fort. In diesem Moment wünschte ich mir, meine Tochter wäre hier…

Schweren Herzens packte ich meinen Koffer, zahlte die Rechnung und bat die nette Rezeptionistin, meinen Koffer in den Kofferraum des Hotels zu stellen. Ich wollte noch einmal mit dem Sessellift auf den Berg. Bereits während der 12-minütigen Fahrt tauchten dunkle Wolken auf. Nicht von oben nach unten, sondern wie Rauchschwaben zogen sie von unten hinter den Klippen empor, als ob da eine Maschine den Rauch nach oben schoss. Ich fragte eine Frau, die an mir auf dem Weg nach unten vorbeischaukelte, ob da oben noch klare Sicht sei. „Ja", antwortete sie. Jedoch, als ich oben ankam, war bereits die Spitze vernebelt – schade!

Wenig später saß ich mit Sack und Pack auf einer Schnellfähre nach Neapel. Die blaue Grotte hatte ich nun nicht gesehen – das verschob ich auf später. Eine Fähre nach der anderen lief den Hafen von Capri an. Nun war ich nicht mehr traurig, wieder von dannen zu ziehen. Es war Samstag und Capri schon morgens rappeldickevoll. Im

Hafen von Napoli sah ich den Grund der vielen Touristen – zwei Kreuzfahrtriesen ankerten dort. Nun war ich erst recht froh, abgehauen zu sein.

Mit dem Gedanken, vielleicht einen Stopp in Mailand einzulegen, um dort zu übernachten, löste ich mir eine Fahrkarte bis Mailand. Gegenüber den deutschen Bahnpreisen fand ich die Zugfahrt ausgesprochen günstig. In Mailand wollte ich mir das Gegenstück von der Galleria in Neapel, die Galleria Vittorio Emanuele II, anschauen. Die Mailänder Scala, die gleich nebenan liegt sowie den Mailänder Dom, wollte ich mir bei der Gelegenheit auch gleich anschauen. Entspannt genoss ich die vorbeigleitende liebliche sowie hügelige Landschaft. Ein ständiges Knacken ließ mich aus meiner totalen Entspannung erwachen. Zunächst dachte ich, es kommt von einer Handytastatur, doch dann entdecke ich auf der anderen Fensterseite einen jungen Mann, der ständig seine Ohrlöffel zusammen knickte. Stundenlang mit wachsender Begeisterung. Die ganze Zeit überlegte ich, ob ich ihn darauf ansprechen sollte, doch dann entschied ich mich, es lieber bleiben zu lassen, wer weiß, was er dann aus lauter Nervosität gemacht hätte? Ganz schön anstrengend die Italiener. Aber höflich, das sind sie. Als ich das Zugfenster in einem endlos erscheinenden Tunnel zumachte, fragte mich mein Gegenüber, ob er es nach dem Tunnel wieder aufmachen dürfte, denn es war tierisch heiß im Abteil.

Im Hafen von Capri hatte eine Frau neben mir gesessen und gequalmt. Ich stand auf, nicht etwa wegen des Rauches, ich wollte mir nur kurz die Beine vertreten. Erschrocken sah sie mich an und sagte:

„Entschuldigung!" Und machte ihre Zigarette aus. Das wollte ich ja gar nicht. Es war ja draußen.

Langsam näherte sich der Zug dem Mailänder Hauptbahnhof. Graue Hauswände neben den Gleisen starrten mich an. Da wusste ich, hier werde ich auf gar keinen Fall bleiben. Ich kam ja gerade aus dem Paradies. Ne, jetzt noch nicht, jetzt wollte ich die Stadt nicht kennenlernen, nicht Mailand und auch keine andere Großstadt und ließ die Mailänder Scala und die Galleria Vittorio Emanuele II sausen. Als ich auf dem Bahnsteig stand, schaute ich auf die Computertafel, wohin die nächsten Züge fahren würden.

Bergamo stach mir ins Auge. Bergamo, ja, da wollte ich immer schon mal hin. Noch einmal schaute ich auf die Tafel. Er fuhr in fünf Minuten. Ich hatte gerade noch Zeit, den Schaffner auf dem Bahnsteig zu fragen, ob ich auch im Zug eine Fahrkarte lösen könnte. Er nickte sehr freundlich. Und schon saß ich im Zug Richtung Bergamo. Eineinhalb Stunde Zugfahrt für nur dreifuffzig plus Aufpreis, weil ich die Karte im Zug kaufte. Eine Afrikanerin, die mir gegenüber saß, schüttete den Inhalt ihrer Handtasche auf den freien Sitz neben sich aus. Sie nutzte die Fahrt, um sich schick zu machen: Haare kämmen, Styling, pudern, das volle Programm eben. Während sie sich schminkte, redete sie völlig unbefangen mit mir, so, als kennen wir uns. Am Ende meinte sie, sie müsse mir bei der Hotelsuche behilflich sein, weil sie italienisch spricht.

Mit mir im Schlepptau steuerte sie das nächstbeste Hotel an. Kurz und bündig erklärte sie der Rezeptionistin, dass ich ein Zimmer bräuchte und verschwand. Gott sei Dank, denn mein Hotel suchte ich mir lieber selbst aus. Trotzdem schaute ich mir höflicherweise noch ein Zimmer an. Es war klein, dunkel und roch nach dem Vorgänger. Mit Blick auf den Bahnhof sagte ich zur Rezeptionistin: „Wissen Sie, ich komme gerade aus dem Paradies, da kann ich doch nicht hier im Bahnhofsviertel schlafen. Haben Sie keine Idee, wo es in Bergamo etwas Netteres gibt?"

Völlig pikiert schaute ihr Kollege zu uns rüber, jedoch sie verstand mich und zwinkerte mir mit einem Auge zu, nahm eine Hotelliste zur Hand und fragte mich:

„Wo möchten Sie denn wohnen, hier unten oder oben in der Altstadt?"

„Möglichst Altstadt!"

Sie telefonierte mit mehreren Hotels. Spontan ein Einzelzimmer zu bekommen, war auch in Bergamo schwierig.

„Nehmen Sie auch ein Vier-Sterne-Hotel für 88 Euro?"

Das fand ich für Bergamo ganz schön happig, aber egal, besser, als in dem nach Fußschweiß stinkenden Zimmer schlafen zu müssen, und nickte!

Mitten in der Altstadt bekam ich ein wunderschönes Zimmer und am Morgen konnte ich den Preis auch noch ein wenig runterhandeln. Gleich nach dem Frühstück lief ich los und war erstaunt, wie groß und schön die Altstadt von Bergamo sei. Ich erfuhr eine ganze Menge Wissenswertes: Dass Papst Johannes XXIII ganz in der

Nähe von Bergamo geboren wurde und, dass jedes Jahr Musik-Festivals wie Jazz- oder Welt-Piano-Festivals stattfanden. Überhaupt wird hier die Kunst groß geschrieben.

Nur, genau wie auf Capri, stürmten gegen Mittag ganze Touristenmassen die Stadt. Fluchtartig lief ich zurück ins Hotel, nahm meinen Koffer und fuhr mit einem Taxi zurück zum Bahnhof. Nun wurde es Zeit für mich, endlich mal runterzukommen und in völliger Ruhe meine fantastische, sehr gefühlsbetonte, jedoch anstrengende Reise ausklingen zu lassen. Wieder schaute ich mir auf dem Bahnhof die Abfahrtzeiten der nächsten Züge an. Kurze Zeit später saß ich im Zug nach Bozen.

Mit einem Blick auf meinen Koffer meinte der freundlicher Beamte bei der Bahnauskunft in Bozen, als ich ihm nach einer ruhig gelegenen Unterkunft fragte. „Wenn Sie den nicht hätten, könnten Sie die Gondel nehmen und oben auf den Berg fahren, dort sind Gasthäuser, die Ihnen bestimmt gefallen werden. Wissen Sie was, geben Sie doch einfach ihren Koffer bei der Gepäckaufbewahrung ab."

„Danke, tausend Dank, das mache ich", und schon stand ich vorm Gepäckschalter, packte die nötigsten Sachen in meinen Rucksack und machte mich auf den Weg zur Gondel. Überglücklich stand ich wenig später auf einer grünen Alm. Unweit der Gondel entdeckte ich ein kastenförmiges, völlig schmuckloses Gästehaus. Nicht einmal diese typischen geschnitzten Holzbalkone mit den herunterhängenden Geranien zierten dieses Haus. Das war es nicht, wovon ich träumte. Unschlüssig ging ich den Wanderweg entlang und fragte ein Ehepaar, das mir entgegenkam, ob sie mir eine nette Unterkunft hier oben empfehlen könnten.

„Ja mai, da müssen`s auf die Schneiderwiesen rauf, da gibt`s nur ein Gasthaus, da haben`s Ihre Ruh."

„Das klingt gut, sogar sehr gut. Wie lange muss ich da laufen?"

„Na ja, mit Ihren Sandalen können`s aber nicht die Abkürzung durch den Wald nehmen, wenn`s die Straße nehmen, laufen`s eine Stunde."

„Eine Stunde bergan laufen?"

„Wollen`s ganz ruhig haben?"

Ich bedankte mich und lief los. Nach der gefühlten hundertsten Straßenbiegung entlang des Waldes machte ich schlapp und setzte mich auf einen Baumstumpf. Mein Magen knurrte. Vor lauter Aufregung hatte ich vergessen, zwischendurch etwas zu essen. In solchen Fällen habe ich stets meine Überlebenskekse dabei, wie ich meine Vollkornkekse nenne. Die helfen mir immer über die Runden. Nur, sie waren alle. Ich hatte vergessen, Nachschub in Italien zu kaufen, denn auch dort gibt es sie. Hungrig wie ein Wolf kramte ich in meinem Rucksack und wurde fündig. Zwei Päckchen Schmelzkäse, zwei Päckchen Nougatcreme, zwei Päckchen Honig hatte ich mir vom Frühstückbüfett mitgenommen. Genussvoll verputzte ich sie. Trank einen großen Schluck aus meiner Wasserflasche und quälte mich weiter bergan. Der Weg nahm kein Ende. Keine Menschenseele weit und breit zu sehen. Bei der letzten Biegung hielt ein Jeep.

„Na, wollen`s noch das letzte Stück mitfahren?"

„Witzbold, hätten Sie nicht eher kommen können?" Er lachte nur und ich stieg ein.

Von wegen, ruhige Alm? Eine große Party war da im Gange mit Grillen und Dorfkapelle. Seltsamerweise waren alle, ob Männlein oder Weiblein, in grüne Jägerkluft gekleidet.

„Was ist denn hier los?", fragte ich meinen Jeepfahrer.

„Unsere Jägerinnen haben ihre Jahresfeier."

„Jägerinnen?"

„Ja, alle aus der Gegend hier."

„Und, wieviel sind es?"

„So um die sechzig."

„Sechzig Jägerinnen?", wiederholte ich ungläubig. Bei uns hab ich noch keine einzige Jägerin gesehen, muss ich mich direkt mal schlau machen, wenn ich zurück bin. Bevor ich ins Haus ging, betrachtete ich mir das hübsche Alm-Gasthaus von außen, plötzlich stand ein Jäger neben mir und sagte:

„Kennen Sie den?", er nahm einen großen Schluck aus seinem Liter-Humpen.

„Ehrlich gesagt, bin ich für Witze gar nicht aufnahmefähig, ich bin einfach nur kaputt!" Verständnisvoll lächelte er mich an. Die Wirtin gab mir ein Zimmer nach hinten gelegen. In der Wirtsstube brachte sie mir eine große Portion Gulasch mit hausgemachten Semmelknödeln, dazu trank ich ein Bier. Stopfte mir Ohropax tief ins Ohr und ging ins Bett. Im tiefsten Schlaf versunken klingelte mein Handy. Es war mein Mann, er wollte wissen, wo ich mich denn im

Moment 'rumtreibe. Mit meiner Alm-Idee fiel ihm nichts mehr ein. Als ich den Hörer auflegte, fiel mir die Stille ein, die Gesellschaft war fort. Wunderbar - der Urlaub der Stille konnte beginnen. Während ich mein reichhaltiges Frühstück verspeiste, zeichnete mir der Wirt die verschlungenen Pfade eines traumhaften Wanderweges auf ein Stück Papier auf. Voller Tatendrang machte ich mich auf den Weg.

„Verpassen Sie nicht die Rotwand", rief er mir nach, als ich schon auf dem Weg war. Es ging über Stock und Stein. Brav folgte ich den kleinen Zeichen, die an Bäumen oder Felsen gezeichnet waren. Wenn sich eine fantastische Aussicht vor mir auftat, setzte ich mich für eine Weile auf einen Stein oder Baumstumpf und saugte alles in mich auf. Ich hatte ja alle Zeit der Welt. Tatsächlich der Wirt hatte nicht zu viel versprochen, auf eine Lichtung am Rande eines Abgrundes öffnete sich tief unter mir ein gewaltiger Ausblick in ein breites langes Tal: Wie Perlen an einer Schnur lagen Häuser und kleine Ortschaften entlang eines Flusses. Sie sahen wie kleine Miniaturen aus. Ein atemberaubender Blick auf die gegenüberliegenden Dolomitenzacken ließ mich mal wieder staunen. Es gibt Landschaften, die bekommt man mit der Kamera nicht so schön aufs Bild, wie das bloße Auge sie wahrnimmt. Ich jedenfalls nicht. Deshalb versuchte ich es gar nicht erst. Um mich pausenlos mit der Kamera zu beschäftigen, nahm ich lieber die schönsten Eindrücke mit allen Sinnen in mich auf.

Auch dieses Paradies hatte seine Grenzen. Nach meinen ausgiebigen Wanderungen und der dritten ruhigen Nacht, wurde das Gästehaus von einer Gruppe vierzehnjähriger Jungs belagert – schien eine Schulklasse gewesen zu sein. Beim Abschied erklärte mir der Wirt die Abkürzung zur Seilbahn, durch den Wald. Mit allen Sinnen durfte ich noch einmal die Abfahrt hinunter in die Stadt Bozen genießen.

Nun wollte ich auf dem schnellsten Weg mit dem Zug nach Hause fahren. Wobei die Zugfahrt für sich ja schon ein unbeschreibliches Erlebnis war, als er durch die abwechslungsreiche und märchenhafte Alpenlandschaft fuhr.

TRECKER-TREFF

In Gedanken vertieft, hörte ich, wie eine Frauenstimme laut sagte: „Irmi, guck mal da draußen die Oldtimer – wo die wohl hin wollen?" Reflexartig schaute ich auf die Fahrspur neben unserem Bus. Tatsächlich, an der Ampel, die rot war, standen drei Oldtimer. Obwohl ich gar nicht gefragt wurde, antwortete ich mit ziemlich lauter Stimme: „Die fahren bestimmt nach Gülzow, dort ist heute Trecker-Treffen", und schaute zu ihnen rüber. Sie taten so, als hätten sie es nicht gehört. Mir auch egal. Für mich war es ein Wink mit dem Zaunpfahl. Es wurde grün – die Oldtimer fuhren geradeaus weiter und unser Bus bog nach rechts ab, um wenig später auf dem Geesthachter Busbahnhof zu halten.

Kaum war ich ausgestiegen, lief ich eiligen Schrittes zur Hauptstraße zurück. Schon von weitem sah ich einen knallgelben Oldtimer langsam auf die Ampel zurollen, die inzwischen wieder rot hatte. Mit winkendem Arm lief ich auf dieses nostalgische Fahrzeug zu. Nach Luft schnappend rief ich ihm entgegen: „Fahren Sie zum Trecker-Treffen nach Gülzow?"
„Ja."
„Da will ich auch hin, würden Sie mich mitnehmen?"
„Kommen Sie!" Er öffnete bereits die Wagentür für mich. „Schnell, steigen Sie ein, es ist grün." Während ich den Anschnallgurt suchte, meinte Wolfgang, so hieß der glückliche Besitzer dieses wunderschönen Autos: „Anschnallen brauchen Sie sich nicht, der Wagen hat keine Gurte." Ehe ich mich versah, fuhr ich im offenen kanariengelben Willi-Jeep, Baujahr: 1948 bei strahlendem Sonnenschein und hochsommerlichen Temperaturen übers Land zum Trecker-Treffen nach Gülzow. Trauben von Menschen standen links und rechts der kopfsteingepflasterten Straße, um die alten Trecker und Oldtimer, die langsam im Konvoi auf das historische Gutshofgelände fuhren, zu bestaunen.
Wieder einmal fühlte ich mich wie ein Star – ein Willi-Jeep-Star. Na ja, fast... Hätte ich das vorher gewusst, hätte ich mich doch passender zurechtgemacht. Ich meine, mit einem echten Caprio-Schal der 50er Jahre, um den Kopf und Hals gebunden sowie eine große

Sonnenbrille im Gesicht oder so ähnlich und so.

Der Wolfgang passte da schon besser ins Bild mit seinem Vollbart und breitkrempigen Hut. Richtig cool, wie er hinterm Steuer saß. Als Wolfgang seinen Willi-Jeep auf den eingewiesenen Parkplatz abgestellt hatte, bedankte ich mich bei ihm. Lachend gingen wir auseinander, denn jeder ging seinen eigenen Interessen nach.

Als erstes tauchte ich in der großen Scheune auf, und ließ mich am Bücherstand des HGG (Heimatgeschichte Gülzow) blicken. Anke und ihre Freundin Uta stellten dem Publikum Bücher über Heimatgeschichten aus Gülzow und Kollow vor. Anke meinte, es wäre von Vorteil, wenn ich mich ab und zu am Stand blicken lassen würde, denn auch mein Buch ‚Die Mooskate am Jungfernstieg‘, lag zum Verkauf aus. Ist schon erstaunlich, wie viele Menschen sich in einem Dorf ehrenamtlich für ihre Heimatgeschichte engagieren, um Historisches für die Nachwelt zu erhalten. Denn jedes Dorf hat ja seine ganz eigenen persönlichen Geschichten zu erzählen.

Ich ließ mich auf eine Zeitreise mit den vielen alten Traktoren und Oldtimern ein, und staunte über die Vielzahl der Fahrzeuge, die sich mitunter von weit her auf den Weg gemacht haben, um uns ihre extra für diesen Tag herausgeputzten Fahrzeuge zu präsentieren.

Zwischen all diesen kostbaren Fahrzeugen, stand ich plötzlich vor „Adsche" und „Brakelmann" in Lebensgröße – aus Pappe. Sie schienen der norddeutschen Kultsendung im Fernsehen ‚Neues aus Büttenwarder‘, entsprungen zu sein. Eine Lieblingsfernsehsendung von mir. Und schon war ich mit Gerhard, der den Stand betrieb, im Gespräch vertieft, um ‚Neues aus Büddenwarder‘ zu erfahren. Am Ende tauschten wir unsere Bücher aus: Er überreichte mir einen Bilderband mit der Aufschrift ‚Wiedersehen in Büttenwarder – Lütt um Lütt geht‘s weiter‘ von Ulfert Becker und ich gab ihm mein Buch ‚Die Mooskate am Jungfernstieg‘. Ach ja, und Mitglied im ‚Verein zur Pflege und Bewahrung Büttenwarder Brauchtums‘, wurde ich auch noch.

Hin und wieder ließ ich mich in der Scheune blicken. Auch hier gab es genug zu entdecken. Zwischen zwei älteren Frauen, die an ihrem alten Spinnrad unentwegt Wolle spannen, saß ein junger Mann und spann aus ungewaschenem Fell der Schafe – auch Vlies genannt, Rohwolle. Fasziniert schaute ich ihm über die Schulter und staunte über seine Fingerfertigkeit. Farbenfroh und rustikal präsentierten Kunsthandwerker ihre ausgefallenen und vielfältigen Kunstwerke. Ich könnt ja noch so viel erzählen, aber Anna, meine Tochter, tauchte auf, um mich abzuholen. Bei den Spinnrädern kaufte ich ihr noch ein paar warme handgestrickte Wollsocken für den Winter und an unserem Stand vom Kulturkreis Gülzow kaufte ich bei Uta wertvolle handgemachte Ölseifen.

Zum Abschluss stand ich dann mit meiner Tochter am kopfsteingepflasterten Wegesrand, um die schier endlose Schlange an Treckern und Oldtimern, die nun wieder Richtung Heimat fuhren, zuzuwinken. So mancher Bauer war genau wie sein Fahrzeug bereits in die Jahre gekommen. Stolz saß er am Steuer und ließ sich von uns bewundern.

Was für ein schöner Tag.

BILDNACHWEIS

Titelseite
Monika E. Khan: Bahnhof Kuranda in Australien
Robert Boomgarden: Monika E. Khan auf einer
Harley Davidson in Hamburg auf der Reeperbahn
Monika E. Khan: Monika im gelben Willi-Jeep

Buchrückseite
Monika E. Khan: Blick auf die Küste Australiens außerhalb
Port Macquarie: Camden Haven-Gebiet mit Hastings River
und dem Pazifik
Monika E. Khan: Monika E. Khan mit einem Aborigine
in Sydney am Circular Quay, Australien

NOTIZEN